LEI ANTICORRUPÇÃO
(LEI Nº 12.846/2013)
UMA VISÃO DO CONTROLE EXTERNO

BENJAMIN ZYMLER
LAUREANO CANABARRO DIOS

LEI ANTICORRUPÇÃO
(LEI Nº 12.846/2013)
UMA VISÃO DO CONTROLE EXTERNO

2ª edição

Belo Horizonte

2019

© 2016 Editora Fórum Ltda.

2019 2ª edição

É proibida a reprodução total ou parcial desta obra, por qualquer meio eletrônico, inclusive por processos xerográficos, sem autorização expressa do Editor.

Conselho Editorial

Adilson Abreu Dallari
Alécia Paolucci Nogueira Bicalho
Alexandre Coutinho Pagliarini
André Ramos Tavares
Carlos Ayres Britto
Carlos Mário da Silva Velloso
Cármen Lúcia Antunes Rocha
Cesar Augusto Guimarães Pereira
Clovis Beznos
Cristiana Fortini
Dinorá Adelaide Musetti Grotti
Diogo de Figueiredo Moreira Neto (*in memoriam*)
Egon Bockmann Moreira
Emerson Gabardo
Fabrício Motta
Fernando Rossi
Flávio Henrique Unes Pereira
Floriano de Azevedo Marques Neto
Gustavo Justino de Oliveira
Inês Virgínia Prado Soares
Jorge Ulisses Jacoby Fernandes
Juarez Freitas
Luciano Ferraz
Lúcio Delfino
Marcia Carla Pereira Ribeiro
Márcio Cammarosano
Marcos Ehrhardt Jr.
Maria Sylvia Zanella Di Pietro
Ney José de Freitas
Oswaldo Othon de Pontes Saraiva Filho
Paulo Modesto
Romeu Felipe Bacellar Filho
Sérgio Guerra
Walber de Moura Agra

FÓRUM
CONHECIMENTO JURÍDICO

Luís Cláudio Rodrigues Ferreira
Presidente e Editor

Coordenação editorial: Leonardo Eustáquio Siqueira Araújo
Aline Sobreira de Oliveira

Av. Afonso Pena, 2770 – 15º andar – Savassi – CEP 30130-012
Belo Horizonte – Minas Gerais – Tel.: (31) 2121.4900 / 2121.4949
www.editoraforum.com.br – editoraforum@editoraforum.com.br

Técnica. Empenho. Zelo. Esses foram alguns dos cuidados aplicados na edição desta obra. No entanto, podem ocorrer erros de impressão, digitação ou mesmo restar alguma dúvida conceitual. Caso se constate algo assim, solicitamos a gentileza de nos comunicar através do *e-mail* editorial@editoraforum.com.br para que possamos esclarecer, no que couber. A sua contribuição é muito importante para mantermos a excelência editorial. A Editora Fórum agradece a sua contribuição.

Dados Internacionais de Catalogação na Publicação (CIP) de acordo com a AACR2

Z991   Zymler, Benjamin

Lei Anticorrupção (Lei 12.846/2013): uma visão do controle externo / Benjamin Zymler, Laureano Canabarro Dios. 2. ed. – Belo Horizonte : Fórum, 2019.

205p.; 14,5x21,5cm
ISBN: 978-85-450-0664-0

1. Direito Administrativo. 2. Direito Público. I. Dios, Laureano Canabarro. II. Título.

CDD 341.3
CDU 342.9

Elaborado por Daniela Lopes Duarte - CRB-6/3500

Informação bibliográfica deste livro, conforme a NBR 6023:2018 da Associação Brasileira de Normas Técnicas (ABNT):

ZYMLER, Benjamin. *Lei Anticorrupção (Lei 12.846/2013)*: uma visão do controle externo. 2. ed. Belo Horizonte: Fórum, 2019. 205p. ISBN 978-85-450-0664-0.

Agradecemos às nossas famílias e aos colegas do Tribunal de Contas da União pelo inestimável apoio na elaboração desta obra.

SUMÁRIO

INTRODUÇÃO 15

CAPÍTULO 1
CONSIDERAÇÕES INICIAIS 19
1.1   Âmbito de aplicação da norma 20
1.1.1   Aplicabilidade pelos estados, Distrito Federal e municípios 20
1.1.1.1   Predominantemente nacional 20
1.1.1.2   Normas gerais e competência suplementar 22
1.1.1.3   Âmbito federal 22
1.1.1.4   Procedimento de responsabilização judicial e administrativa ...24
1.1.2   Abrangência territorial 25
1.1.2.1   Pessoas jurídicas brasileiras no exterior e administração pública estrangeira 25
1.1.2.2   Administração pública brasileira sediada no exterior 26
1.1.2.3   Administração pública brasileira sediada no Brasil 26
1.1.2.4   Concorrência de jurisdições nacionais 26
1.1.3   Abrangência temporal 27
1.1.3.1   Aplicação retroativa 28
1.2   Regulamentação infralegal 29
1.2.1   Limites do poder regulamentar 30
1.2.2   Normas infralegais federais e os demais entes da Federação 31
1.3   Objeto 31
1.3.1   Entidades protegidas pela norma 31
1.3.1.1   Administração pública estrangeira 32
1.3.1.2   Pessoas jurídicas controladas pelo poder público 33
1.3.1.3   Princípios da administração pública e compromissos internacionais 33
1.3.1.3.1   Princípios da administração pública 33
1.3.1.3.2   Compromissos internacionais assumidos pelo Brasil 35
1.3.2   Pessoas jurídicas 36
1.3.2.1   Sociedades 37
1.3.2.1.1   Sociedades não personificadas 37

1.3.2.1.2	Sociedades estrangeiras	38
1.3.2.2	Associações	39
1.3.2.2.1	Associações públicas	39
1.3.2.3	Fundações	40
1.3.2.4	Entidades constituídas de fato e com existência apenas temporária	40
1.3.2.5	Demais pessoas jurídicas de direito privado	41
1.3.2.6	Solidariedade	42
1.3.2.6.1	Empresas controladoras e controladas	43
1.3.2.6.2	Coligadas	43
1.3.2.6.2.1	Sentido amplo	44
1.3.2.6.2.2	Sentido estrito	44
1.3.2.6.2.3	Sociedades filiadas	44
1.3.2.6.2.4	Sociedade de simples participação	45
1.3.2.6.3	Consórcio	45
1.3.2.7	Alteração da configuração jurídica da entidade	46
1.3.2.7.1	Transformação e alteração contratual	46
1.3.2.7.2	Fusão e incorporação	47
1.3.2.7.3	Cisão	47
1.3.2.7.3.1	Cisão total	48
1.3.2.7.3.2	Cisão parcial	48
1.3.3	Pessoas naturais e desconsideração da personalidade jurídica	49
1.3.3.1	Desconsideração da personalidade jurídica	49
1.3.3.1.1	Procedimento	50
1.3.3.1.2	Efeitos	52
1.3.3.2	Pessoas naturais	52
1.3.4	Responsabilidade objetiva	53
1.3.4.1	Interesse ou benefício da pessoa jurídica	54
1.3.4.2	Responsabilização por ato de terceiro	54
1.3.4.2.1	Terceiro como interposta pessoa	55
1.3.4.3	Responsabilidade civil	56
1.3.4.4	Responsabilidade administrativa	57
1.3.4.4.1	Culpa de pessoas jurídicas	60
1.3.4.4.1.1	Transferência da conduta das pessoas naturais	60
1.3.4.4.1.2	Culpa corporativa	62

CAPÍTULO 2
ATOS LESIVOS À ADMINISTRAÇÃO PÚBLICA..................................65
2.1 Atos lesivos em geral..65
2.1.1 Vantagem indevida a agente público..65
2.1.1.1 Conceito de agente público..67
2.1.2 Suporte financeiro ao ilícito...68
2.1.3 Utilização de interposta pessoa...68
2.1.4 Interferência na atuação de agentes públicos.................................69
2.1.4.1 Agências reguladoras e sistema financeiro nacional....................70
2.2 Licitações e contratos..71
2.2.1 Fraude ao caráter competitivo do certame....................................72
2.2.2 Afastamento de licitante..72
2.2.3 Obstáculo à realização de ato de procedimento licitatório..........73
2.2.4 Fraude em licitação ou contrato..74
2.2.5 Fraude na criação de pessoa jurídica..74
2.2.6 Obtenção de vantagem indevida em contrato...............................75
2.2.7 Manipulação ou fraude do equilíbrio econômico-financeiro dos contratos..77
2.3 Reflexos sobre outros processos de responsabilização.................78
2.3.1 Responsabilização penal..78
2.3.2 Responsabilização administrativa..79
2.3.2.1 Tribunal de Contas da União..80

CAPÍTULO 3
PENALIDADES APLICÁVEIS..83
3.1 Procedimento administrativo...83
3.1.1 Dosimetria das penas..84
3.1.1.1 Reprovabilidade da conduta...85
3.1.1.1.1 Gravidade da infração..85
3.1.1.1.2 Vantagem auferida ou pretendida pelo infrator............................85
3.1.1.1.3 Grau de lesão ou perigo de lesão..86
3.1.1.1.4 Consumação ou não da infração..87
3.1.1.1.5 Efeito negativo produzido pela infração...88
3.1.1.2 Capacidade econômica da empresa...88
3.1.1.2.1 Situação econômica do infrator..88
3.1.1.2.2 Valor dos contratos mantidos pela pessoa jurídica......................89
3.1.1.3 Comprometimento da empresa..90

3.1.1.3.1	Boas práticas de gestão	90
3.1.2	Pena de multa	91
3.1.2.1	Faturamento bruto	91
3.1.2.2	Limites	92
3.1.2.3	Fixação do valor	92
3.1.2.4	Cobrança da multa aplicada	93
3.1.3	Publicação Extraordinária da Decisão Administrativa Sancionadora	94
3.2	Procedimento judicial	94
3.2.1	Perdimento dos bens	95
3.2.1.1	Boa-fé de terceiros	96
3.2.2	Suspensão ou interdição parcial	96
3.2.3	Dissolução compulsória da pessoa jurídica	97
3.2.4	Proibição de receber vantagem financeira do poder público	98
3.2.4.1	Incentivos	99
3.2.4.2	Subsídios e subvenções	99
3.2.4.3	Empréstimos	100
3.2.4.4	Doações	100
3.3	Prescrição	100
3.3.1	Prazo	100
3.3.2	Termo inicial	101
3.3.2.1	Infração de caráter permanente ou continuado	101
3.3.2.1.1	Caráter permanente	102
3.3.2.1.2	Infrações continuadas	102
3.3.2.2	Demais infrações	103
3.3.2.3	Outras considerações	104
3.3.3	Interrupção	104
3.3.3.1	Âmbito judicial	105
3.3.3.2	Âmbito administrativo	106
3.3.4	Ressarcimento	106
3.4	Publicidade das sanções aplicadas	107
3.4.1	Cadastro Nacional de Empresas Punidas – CNEP	107
3.4.1.1	Acordo de leniência	108
3.4.1.2	Exclusão dos registros	108
3.4.1.3	Finalidade	109
3.4.2	Cadastro Nacional de Empresas Inidôneas e Suspensas – CEIS	110

3.4.2.1	Exclusão dos registros	112
3.4.2.2	Sobreposição de penas	113

CAPÍTULO 4
PROCESSO DE RESPONSABILIZAÇÃO 115

4.1	Responsabilização administrativa	115
4.1.1	Autoridade competente	116
4.1.1.1	Omissão da autoridade competente	116
4.1.1.1.1	Competência da Controladoria-Geral da União	117
4.1.1.1.1.1	Responsabilidade pelo julgamento	118
4.1.1.1.1.2	Condições para a atuação da CGU	118
4.1.1.1.1.3	Fiscalização	119
4.1.1.1.1.4	Administração pública estrangeira	119
4.1.2	Investigação preliminar	120
4.1.3	Processo Administrativo de Responsabilização (PAR)	121
4.1.3.1	Considerações gerais	121
4.1.3.1.1	Comissão responsável	122
4.1.3.1.2	Sigilo	123
4.1.3.1.3	Prazo	124
4.1.3.1.4	Contagem dos prazos	125
4.1.3.1.5	Medida cautelar	125
4.1.3.1.6	Administração pública estrangeira	126
4.1.3.1.7	Atos processuais	126
4.1.3.1.1.1	Realização das intimações	126
4.1.3.1.1.1.1	Sociedade estrangeira	128
4.1.3.2	Exercício do direito de defesa	128
4.1.3.2.1	Intimação de abertura do PAR	129
4.1.3.2.2	Intimação para apresentação de defesa escrita	129
4.1.3.2.3	Programa de integridade	129
4.1.3.2.4	Intimação de juntada de provas novas	130
4.1.3.2.5	Intimação para alegações finais	130
4.1.3.3	Produção de provas	130
4.1.3.4	Julgamento	131
4.1.3.4.1	Administração pública estrangeira	132
4.1.3.5	Pedido de reconsideração	133
4.1.3.6	Normas de licitações e contratos	134
4.1.3.6.1	Apuração em conjunto	135

4.1.3.6.1.1	Procedimento	137
4.1.3.6.1.2	Autoridades competentes	137
4.2	Responsabilização judicial	138
4.2.1	Ação subsidiária	138
4.2.1.1	Rito processual	138
4.2.1.2	Medida cautelar	140
4.2.2	Objeto da medida cautelar	140
4.2.3	Requisitos da medida cautelar	140
4.3	Responsabilização por dano ao erário	143
4.3.1	Processo administrativo	143
4.3.2	Inscrição em dívida ativa	144
4.3.3	Processo judicial	145

CAPÍTULO 5
PROGRAMA DE INTEGRIDADE E ACORDO DE LENIÊNCIA 147

5.1	Programa de integridade	147
5.1.1	Parâmetros de avaliação do programa de integridade	148
5.1.1.1	Consideração do porte e especificidades da pessoa jurídica	149
5.1.1.1.1	Microempresas e empresas de pequeno porte	150
5.1.2	Metodologia de avaliação	150
5.2	Acordo de leniência	152
5.2.1	Considerações gerais	152
5.2.1.1	Interrupção da prescrição	154
5.2.1.2	Suspensão do PAR	154
5.2.1.3	Autoridade competente	155
5.2.1.4	Caráter sigiloso	155
5.2.2	Abrangência objetiva	156
5.2.2.1	Demais normas sobre licitações públicas	157
5.2.2.1.1	Aplicação retroativa	157
5.2.3	Abrangência subjetiva	158
5.2.3.1	Grupo econômico de direito	159
5.2.3.2	Grupo econômico de fato	159
5.2.4	Finalidade	159
5.2.4.1	Identificação dos demais envolvidos na infração	160
5.2.4.2	Obtenção célere de informações	160
5.2.4.2.1	Novidade das informações	161
5.2.4.2.1.1	Informações submetidas a sigilo	162

5.2.4.3	Limites do acordo	163
5.2.4.4	Reflexos em outros processos de responsabilização	164
5.2.4.5	Utilização das informações em outros processos	165
5.2.5	Requisitos	166
5.2.5.1	Manifestação de interesse	167
5.2.5.1.1	Colaboração referente a outros ilícitos ainda não objeto de apuração	169
5.2.5.2	Interrupção da prática da atividade ilícita, admissão da autoria e colaboração processual	169
5.2.6	Efeitos do acordo de leniência	170
5.2.6.1	Amenização das sanções aplicáveis	170
5.2.6.1.1	Sanções sujeitas à avaliação discricionária	171
5.2.6.1.2	Pena de multa	171
5.2.6.1.3	Sanções aplicáveis mediante procedimento judicial	172
5.2.6.2	Ressarcimento do dano	173
5.2.6.3	Descumprimento do acordo firmado	174
5.2.7	Elaboração do acordo	175
5.2.7.1	Proposta	175
5.2.7.2	Negociação	176
5.2.7.2.1	Memorando de entendimentos	176
5.2.7.2.3	Rejeição ou desistência do acordo	177
5.2.7.2.4	Prazo	177
5.2.7.3	Conclusão do acordo	177
5.2.7.3.1	Cláusulas	177
5.2.7.3.2	Acompanhamento	178
	Conclusão	179

REFERÊNCIAS 183

ANEXOS

ANEXO A – LEI Nº 12.846, DE 1º DE AGOSTO DE 2013 187
ANEXO B – DECRETO Nº 8.420, DE 18 DE MARÇO DE 2015 195

INTRODUÇÃO

A Lei nº 12.846, de 1º de agosto de 2013, dispõe sobre a responsabilização administrativa e civil de pessoas jurídicas pela prática de atos contra a administração pública, nacional ou estrangeira.

Segundo consta da exposição de motivos de seu projeto de lei (PL nº 6.826/2010), referida norma tem por objetivo suprir uma lacuna existente no sistema jurídico pátrio no que tange à responsabilização de pessoas jurídicas pela prática de atos ilícitos contra a Administração Pública, em especial, por atos de corrupção e fraude em licitações e contratos administrativos.

Por meio da aludida norma, buscou-se criar mais um instrumento de combate à corrupção, preservando-se os demais já existentes no ordenamento jurídico pátrio.

Isto também se depreende da leitura do voto proferido pelo Deputado Carlos Zarattini, relator da Comissão Especial destinada a proferir parecer ao PL nº 6.826/2010, ao concluir pela aprovação do projeto, em 14.03.2012:

> O alicerce doutrinário e jurisprudencial do PL nº 6.826/10 está expresso no relatório 'Responsabilização por ilícitos praticados no âmbito de pessoas jurídicas – uma contribuição para o debate público brasileiro', do Projeto Pensando o Direito, da Fundação Getúlio Vargas, que concluiu pela terceira via representada pelo Direito Administrativo Sancionador.
>
> A pesquisa da FGV permitiu que se optasse por uma proposição legislativa que autoriza o Estado a responsabilizar as pessoas jurídicas por atos de corrupção e suborno contra a Administração Pública com um conjunto de sanções administrativas e cíveis, aplicadas em processos perante a Administração Pública, preservadas as competências do Judiciário, do Legislativo, dos Tribunais de Contas, do Ministério Público e demais órgãos e instituições atuantes no combate à corrupção.

Com efeito, nosso ordenamento jurídico não dispunha de mecanismos efetivos para que as pessoas jurídicas fossem responsabilizadas por atos contra a administração pública.

Esse vazio normativo, entretanto, não era absoluto, pois a Lei nº 8.429/1992,[1] em seu art. 3º,[2] já previa a possibilidade de responsabilização de pessoas jurídicas quando concorressem com agentes públicos para a prática de ato de improbidade administrativa. Ou seja, embora dirigida precipuamente à apreciação de condutas de pessoas físicas, eventualmente as disposições da norma poderiam refletir sobre pessoas jurídicas.

Eram patentes, entretanto, as fragilidades desta norma acerca da responsabilização das pessoas jurídicas. A uma, porque as sanções nelas previstas, em larga medida, somente se aplicam a pessoas físicas. A duas, porque se não houver a prática de ilícito em coautoria com algum agente público, a pessoa jurídica não se enquadra nas disposições da norma.

As pessoas jurídicas também podem ser responsabilizadas perante o Tribunal de Contas da União – TCU, de acordo com a Lei nº 8443/1992,[3] nas limitadas hipóteses de causarem prejuízos ao erário[4] ou contribuírem para a ocorrência de fraude em licitações. Nessas situações, podem sofrer as sanções de multa de até 100% do dano causado e de declaração de inidoneidade para participar de licitações por até cinco anos.

Veio, então, a Lei nº 12.846/2013, também denominada Lei Anticorrupção Empresarial,[5] em boa hora para lidar com esta fragilidade de nosso ordenamento jurídico e contribuir para que nosso país encontre os rumos adequados para lidar com todos aqueles que de alguma forma buscam se apropriar ilicitamente de recursos públicos ou tirar proveito indevido de suas relações com a administração pública.

Trata-se, contudo, de uma norma complexa que apresenta dificuldades de interpretação e aplicação. Isso porque são trazidos diversos institutos que possuem caráter inovador em relação ao ordenamento jurídico. Como consequência, surgem diferentes dúvidas acerca da

---

[1] Dispõe sobre as sanções aplicáveis aos agentes públicos nos casos de enriquecimento ilícito no exercício de mandato, cargo, emprego ou função na administração pública direta, indireta ou fundacional e dá outras providências.

[2] Art. 3º As disposições desta lei são aplicáveis, no que couber, àquele que, mesmo não sendo agente público, induza ou concorra para a prática do ato de improbidade ou dele se beneficie sob qualquer forma direta ou indireta.

[3] Dispõe sobre a Lei Orgânica do Tribunal de Contas da União e dá outras providências.

[4] Consoante jurisprudência do TCU, as pessoas jurídicas podem ser responsabilizadas perante aquela Corte independentemente da demonstração de coautoria com agente público (*v.g.* Acórdão nº 946/2013-Plenário).

[5] Doravante, no decorrer desta obra, será adotada a denominação Lei Anticorrupção.

aplicação desses institutos, as quais devem ser sedimentadas à luz dos casos concretos. Ou seja, de acordo com o amadurecimento interpretativo ínsito a todos os novos diplomas legislativos.

Sem dúvida, a análise aqui efetuada da Lei Anticorrupção parte de uma perspectiva técnica, e também prática, dos autores, operadores do Controle Externo. Dessa forma, delineia-se o traço distintivo deste livro: o de buscar os pontos de contato com as atribuições dos tribunais de contas, sem se esquecer de destacar os possíveis conflitos entre a nova legislação e aquela relacionada ao procedimento de apreciação das contas públicas.

Busca-se, pois, levantar questões que contribuam para aprofundar o debate sobre a aplicação da Lei Anticorrupção ao mesmo tempo em que se busca estimular uma adequada reflexão sobre cada uma das disposições da norma legal e de seu decreto regulamentador.

CAPÍTULO 1

CONSIDERAÇÕES INICIAIS

A Lei Anticorrupção busca atingir seus objetivos por meio de dois eixos principais de atuação.

O primeiro deles constitui na possibilidade de aplicação de sanções. Nesse caso, busca-se desencorajar a prática de atos lesivos à administração pública com a possibilidade de aplicação de fortes sanções. Com a lógica própria do direito penal, desestimula-se a prática do ilícito pelo agente ante a possibilidade de ele ser penalizado. Esse desestímulo, por certo, ocorrerá de maneira proporcional à dose da sanção e à possibilidade de sua aplicação (capítulos III e VI da Lei nº 12.846/2013).

O segundo eixo de inspiração da lei é o seu caráter preventivo, que visa a estimular a criação de uma política interna de compliance – compreendida como "esforços adotados pela iniciativa privada para garantir o cumprimento de exigências legais e regulamentares relacionadas às suas atividades e observar princípios de ética e integridade corporativa".[6] Nesse caso, busca-se estimular boas práticas empresariais com o intuito de que eventual ato de corrupção extinga-se em seu nascedouro, pois os próprios agentes empresariais refutariam a sua prática (art. 7º, inciso VIII, da Lei nº 12.846/2013).

Causar prejuízo ao erário ou dele obter vantagem ilícita. Ou seja, independentemente do aspecto preponderante aplicável a cada caso concreto – punitivo ou preventivo –, sempre caberá ao particular ressarcir o dano causado ao patrimônio público.

---

[6] DEBBIO, A. Del; MAEDA, B. C.; AYRES C. H. S. (Coord.). *Temas de anticorrupção e compliance*. Rio de Janeiro: Elsevier, 2013. p. 167.

Acerca dos procedimentos a serem seguidos na aplicação da norma, insta observar que a responsabilização administrativa (aplicação de sanções) e a responsabilização civil (reparação do dano) poderá ocorrer nos âmbitos administrativo e judicial. Já as medidas preventivas ocorrem somente no âmbito administrativo.[7]

1.1 Âmbito de aplicação da norma

Neste tópico, analisar-se-ão as características das diversas partes da Lei nº 12.846/2013 no tocante à sua aplicabilidade pelos estados, Distrito Federal e municípios, bem como a abrangência territorial da norma.

1.1.1 Aplicabilidade pelos estados, Distrito Federal e municípios

1.1.1.1 Predominantemente nacional

A norma não consignou expressamente a extensão de sua aplicabilidade aos estados, Distrito Federal e municípios. Contudo, diversos dispositivos da Lei nº 12.846/2013 permitem antever que a intenção do legislador foi editar, ao menos em parte, uma norma de caráter nacional, ou seja, aplicável a todos os entes da Federação (União, estados, Distrito Federal e municípios).

Neste sentido, veja-se o teor nas seguintes disposições da lei:

> Art. 19. Em razão da prática de atos previstos no art. 5º desta Lei, a União, os Estados, o Distrito Federal e os Municípios, por meio das respectivas Advocacias Públicas ou órgãos de representação judicial, ou equivalentes, e o Ministério Público, poderão ajuizar ação.
>
> Art. 22. Fica criado no âmbito do Poder Executivo federal o Cadastro Nacional de Empresas Punidas – CNEP, que reunirá e dará publicidade às sanções aplicadas pelos órgãos ou entidades dos Poderes Executivo, Legislativo e Judiciário de todas as esferas de governo com base nesta Lei (grifou-se).

---

[7] Art. 1º Esta Lei dispõe sobre a responsabilização objetiva administrativa e civil de pessoas jurídicas pela prática de atos contra a administração pública, nacional ou estrangeira.

Quanto aos fundamentos constitucionais para edição da norma com tal âmbito de aplicação, cabe observar que compete à União legislar em âmbito nacional sobre:

I - normas gerais de licitações e contratos (art. 22, XXVII, da Constituição Federal);[8]

II - normas gerais[9] de concessão e permissão da prestação de serviços públicos (art. 175 da Constituição Federal);[10]

III - fiscalização do sistema financeiro nacional (arts. 21, inciso VIII, e 192 da Constituição Federal).[11]

Insere-se, pois, no âmbito de competência da União, editar leis nacionais que busquem combater atos que atentem contra a administração pública em relação a esses tópicos.

Em assim sendo, entende-se possuir caráter nacional as disposições da Lei nº 12.846/2013 que versam sobre:

I - licitações e contratos (art. 5º, inciso IV, alíneas "a" a "g");

II - atuação das agências reguladoras de serviços públicos (art. 5º, inciso V);

III - fiscalização do Sistema Financeiro Nacional – SFN (art. 5º, inciso V).[12]

---

[8] Art. 22. Compete privativamente à União legislar sobre: [...]
XXVII - normas gerais de licitação e contratação, em todas as modalidades, para as administrações públicas diretas, autárquicas e fundacionais da União, Estados, Distrito Federal e Municípios, obedecido o disposto no art. 37, XXI, e para as empresas públicas e sociedades de economia mista, nos termos do art. 173, §1º, III.

[9] Embora o entendimento do caráter de generalidade dessa espécie de norma não deflua diretamente do texto constitucional, pode-se inferir tal entendimento do disposto nos arts. 25, §§1º e 2º, e 30, incisos I e V da Constituição Federal.

[10] Art. 175. Incumbe ao Poder Público, na forma da lei, diretamente ou sob regime de concessão ou permissão, sempre através de licitação, a prestação de serviços públicos.

[11] Art. 21. Compete à União: [...]
VIII - administrar as reservas cambiais do País e fiscalizar as operações de natureza financeira, especialmente as de crédito, câmbio e capitalização, bem como as de seguros e de previdência privada;
Art. 192. O sistema financeiro nacional, estruturado de forma a promover o desenvolvimento equilibrado do País e a servir aos interesses da coletividade, em todas as partes que o compõem, abrangendo as cooperativas de crédito, será regulado por leis complementares que disporão, inclusive, sobre a participação do capital estrangeiro nas instituições que o integram.

[12] É bem verdade que a regulamentação do sistema financeiro nacional deve ocorrer por meio de lei complementar, o que pode levantar dúvidas acerca da constitucionalidade dos dispositivos da Lei nº 12.846/2013 que versam sobre este aspecto.

1.1.1.2 Normas gerais e competência suplementar

Por vezes, a competência da União para editar as mencionadas normas nacionais restringe-se a legislar sobre "normas gerais".

O termo "norma geral" refere-se primordialmente ao conteúdo da norma. Da própria acepção da expressão, verifica-se tratar de um regramento mais amplo e genérico, razão pela qual não deve descer aos detalhes de aplicação. A matéria não deve ser esgotada na norma geral, pois *estará sujeita a uma regulamentação mais detalhada*, até mesmo em razão do disposto no §2º do art. 24 da Constituição Federal,[13] o qual estabelece que a competência da União para dispor sobre normas gerais não exclui a competência suplementar dos Estados.

Não se olvida que, no mais das vezes, é árdua a tarefa de distinguir o que é norma geral ou não em determinado diploma legislativo. São raras as normas que distinguem de forma expressa as disposições de caráter geral, aplicáveis a todos os entes federativos, daquelas aplicáveis somente à União (*v.g.*, capítulo VI da Lei nº 11.079/2004, a qual institui normas gerais para licitação e contratação de Parceria Público-Privada no âmbito da administração pública).

Em relação à Lei Anticorrupção, entende-se não ter havido excesso de detalhamento que retiraria o caráter de generalidade da lei.

A extensão e o detalhamento do próprio regulamento,[14] aliás, estão a indicar que a lei não exauriu a matéria. Ou seja, nessas partes da norma em que a competência da União restringe-se a normas gerais – referentes a licitações e contratos e concessão de serviços públicos – está permitido o exercício da competência legislativa suplementar pelos estados, Distrito federal e municípios.[15]

1.1.1.3 Âmbito federal

A Lei Anticorrupção tem também um caráter administrativo, ou seja, insere-se no direito administrativo, pois visa a regular a relação entre a administração e alguns administrados.

---

[13] Art. 24 [...] §2º - A competência da União para legislar sobre normas gerais não exclui a competência suplementar dos Estados.

[14] Decreto nº 8.420/2015.

[15] Os Estados de São Paulo e do Tocantins foram os primeiros a regulamentar a Lei nº 12.846/2013, respectivamente, mediante os Decretos nº 60.106/2014 e nº 4.954/2013. Atualmente, a norma já foi regulamentada na maioria dos Estados da Federação.

Portanto, surge, ainda, como fundamento constitucional da Lei Anticorrupção, o princípio da auto-organização administrativa, que, por sua vez, decorre da autonomia dos entes da federação, prevista no art. 18 da Constituição Federal.[16] Nessa linha, há previsão na norma legal de condutas lesivas à administração pública que podem não necessariamente dizer respeito à competência privativa da União:

> I - proporcionar vantagem indevida a agente público, ou a terceira pessoa a ele relacionada;
>
> II - dar suporte financeiro à prática dos atos ilícitos previstos na lei;
>
> III - utilizar-se de interposta pessoa para ocultar ou dissimular seus reais interesses;
>
> V - dificultar atividade de investigação ou fiscalização da administração pública ou intervir em sua atuação.[17]

Assim, caso essas condutas não se relacionem a licitações/contratos/agências reguladoras e sistema financeiro nacional, a Lei nº 12.846/2013, em razão do seu caráter administrativo, assume caráter federal e cabe aos estados, municípios e Distrito Federal legislar sobre a matéria. Ou seja, mediante a legislação desses entes, poderá ser estabelecido regramento diverso para atos ilícitos relacionados a assuntos de interesse local ou regional (*v.g.* autorização de uso de espaço público e de realização de edificações).

Nesse sentido, são pertinentes as seguintes lições de Fábio Medina Osório acerca do direito administrativo sancionador:

> Cabe observar que não há, no terreno administrativo, reserva de Lei Federal, ao contrário do que ocorre no terreno penalístico, onde a centralização da produção normativa é a tônica [...]
>
> Consoante as competências próprias, Municípios, Estados e União podem legislar em matéria de sanções administrativas, inclusive criando e regrando os respectivos procedimentos sancionadores. Vigora, aqui, uma ideia de descentralização legislativa. Nenhum poder se concentra na União, visto que os demais entes federados admitem competências legislativas em matéria de Direito Administrativo Sancionador.[18]

---

[16] Art. 18. A organização político-administrativa da República Federativa do Brasil compreende a União, os Estados, o Distrito Federal e os Municípios, todos autônomos, nos termos desta Constituição.

[17] Art. 5º, incisos I, II, III e V, da Lei Anticorrupção.

[18] OSÓRIO, Fábio Medina. *Direito administrativo sancionador*. 2. ed. São Paulo: Revista dos Tribunais, 2006. p. 258.

1.1.1.4 Procedimento de responsabilização judicial e administrativa

A Lei nº 12.846/2013, em seus capítulos IV e VI, estabelece como se dará a responsabilização administrativa e judicial. São então definidas questões como autoridade competente para instaurar e julgar os processos, forma como se dará o contraditório e a ampla defesa, prazos a serem cumpridos, dentre outras disposições.

Define-se, pois, como será o processo de responsabilização daqueles cujas condutas são questionadas mediante a Lei Anticorrupção.

No âmbito judicial (capítulo VI da norma), cabe adotar o conceito tradicional de processo, que é o meio pelo qual o Estado, representado pelo juiz, investido de autoridade estatal equidistante das partes, busca aplicar o direito objetivo ao caso concreto apresentado pelos litigantes.[19]

Assim, trata-se de matéria de âmbito nacional em decorrência da *competência privativa da União para legislar sobre direito civil e processual* (art. 22, inciso I, da Constituição Federal).[20] Ou seja, os demais entes da federação não podem dispor sobre a matéria.

No âmbito administrativo (capítulo IV da norma), a situação é diversa, pois a regulamentação do processo administrativo não se encontra na competência privativa da União. Assim, os estados, o Distrito Federal e os municípios podem regular a matéria de forma diversa, embora fosse desejável que seguissem as diretrizes da norma federal.

Em situação análoga, ao tratar de norma federal que versa sobre o processo administrativo federal (Lei nº 9.784/1999), o Superior Tribunal de Justiça assim se manifestou:

> ADMINISTRATIVO – RECURSO ORDINÁRIO EM MANDADO DE SEGURANÇA [...] DECURSO DE MAIS DE CINCO ANOS DESDE A VIGÊNCIA DA LEI Nº 9.784/99 – NORMA APLICÁVEL A TODA A FEDERAÇÃO – RECURSO ORDINÁRIO PROVIDO. [...]
>
> 3. *A Lei nº 9.784/1999 pode ser aplicada de forma subsidiária em todas as esferas da Federação se ausente lei própria* regulando o processo administrativo no âmbito local.

---

[19] ZYMLER, Benjamin. *Direito administrativo e controle*. 4. ed. Belo Horizonte: Fórum, 2015. p. 231.
[20] Art. 22. Compete privativamente à União legislar sobre:
I - direito civil, comercial, penal, processual, eleitoral, agrário, marítimo, aeronáutico, espacial e do trabalho.

4. Recurso Ordinário em Mandado de Segurança provido. (RMS nº 27.919/PR, Rel. Ministro MOURA RIBEIRO, QUINTA TURMA, julgado em 08.10.2013) (grifou-se).

1.1.2 Abrangência territorial

A Lei Anticorrupção abrange diversas condutas que, ao menos em parte, não ocorrem no território nacional.

1.1.2.1 Pessoas jurídicas brasileiras no exterior e administração pública estrangeira

A norma não se limita a buscar a proteção da administração pública no território nacional, pois se aplica também aos atos lesivos praticados por pessoa jurídica brasileira contra a administração pública estrangeira, ainda que cometidos no exterior.[21]

Com efeito, o Brasil é signatário da "Convenção sobre o Combate da Corrupção de Funcionários Públicos Estrangeiros em Transações Comerciais Internacionais da Organização para a Cooperação e Desenvolvimento Econômico (OCDE)".[22]

Dentro desse contexto, a Lei Anticorrupção faz parte de compromissos assumidos pelo Brasil internacionalmente e o coloca dentro dos esforços internacionais de combate à corrupção.

Veja-se que a norma legal busca proteger a administração estrangeira de atos ilícitos praticados por empresas brasileiras. Ou seja, *a estrutura administrativa brasileira pode ser acionada para a proteção da administração pública de Estados soberanos no Brasil e no exterior*, em função de ilícitos praticados por empresas brasileiras.

Por outro lado, as normas similares dos demais países signatários da mencionada convenção acabam por proteger a administração pública brasileira de atos ilícitos praticados por empresas daqueles países.

Esse aspecto de extraterritorialidade da Lei nº 12.846/2013 e de suas congêneres de outros países contribuirá para que as transações comerciais internacionais se pautem por regras de conduta moralmente

---

[21] Art. 28 da Lei nº 12.846/2013: Esta Lei aplica-se aos atos lesivos praticados por pessoa jurídica brasileira contra a administração pública estrangeira, ainda que cometidos no exterior.

[22] Aprovada pelo Decreto nº 3.678/2000.

aceitáveis nos estados democráticos de direito e criará um amplo espaço de cooperação internacional no combate à impunidade e na prevenção da corrupção.

1.1.2.2 Administração pública brasileira sediada no exterior

Extrai-se também da norma outra hipótese de extraterritorialidade, qual seja, atos praticados *contra a administração pública brasileira sediada no exterior*. Assim, empresas nacionais ou estrangeiras estarão sujeitas às disposições da Lei Anticorrupção quando atentarem, por exemplo, contra o patrimônio público de representações no exterior da diplomacia brasileira ou de qualquer órgão ou entidade controlada pelo poder público de qualquer esfera da nossa federação.

1.1.2.3 Administração pública brasileira sediada no Brasil

Pode-se, ainda, vislumbrar uma terceira hipótese de aplicação extraterritorial da norma. Qual seja: ato praticado no exterior contra *a administração pública brasileira sediada no Brasil*. Nesse caso, é bem verdade, a aplicação extraterritorial pode ser limitada, pois, mesmo que o ato ilícito seja iniciado no exterior, seus objetivos pretendidos deverão ocorrer em território nacional (*v. g.* realização no exterior de promessa de vantagem indevida a agente público lotado no Brasil).

No tocante às empresas estrangeiras, cabe destacar que a Lei Anticorrupção restringe seu alcance às sociedades estrangeiras que tenham alguma representação no território brasileiro.[23] Ou seja, essas duas últimas hipóteses de extraterritorialidade somente se aplicam às empresas estrangeiras caso preencham esse requisito da norma.

1.1.2.4 Concorrência de jurisdições nacionais

A Lei Anticorrupção determina, ainda, a observância do disposto no art. 4º da mencionada Convenção, o qual regula as relações entre os seus países signatários:

---

[23] Parágrafo único do art. 1º.

Artigo 4º
Jurisdição
1. Cada Parte deverá tomar todas as medidas necessárias ao estabelecimento de sua jurisdição em relação à corrupção de um funcionário público estrangeiro, quando o delito é cometido integral ou parcialmente em seu território.
2. A Parte que tiver jurisdição para processar seus nacionais por delitos cometidos no exterior deverá tomar todas as medidas necessárias ao estabelecimento de sua jurisdição para fazê-lo em relação à corrupção de um funcionário público estrangeiro, segundo os mesmos princípios.
3. Quando mais de uma Parte tem jurisdição sobre um alegado delito descrito na presente Convenção, as Partes envolvidas deverão, por solicitação de uma delas, deliberar sobre a determinação da jurisdição mais apropriada para a instauração de processo.
4. Cada Parte deverá verificar se a atual fundamentação de sua jurisdição é efetiva em relação ao combate à corrupção de funcionários públicos estrangeiros, caso contrário, deverá tomar medidas corretivas a respeito.

Ou seja, a Convenção busca evitar que ocorra *bis in idem* ao estabelecer que, caso o fato ilícito esteja sujeito a mais de uma jurisdição, os países signatários devem entrar em acordo acerca da jurisdição mais apropriada para a instalação do processo.

1.1.3 Abrangência temporal

A Lei Anticorrupção entrou em vigência no prazo de 180 dias após a data de sua publicação, em 02.08.2013.

Em regra, as normas jurídicas não retroagem e somente se aplicam a fatos ocorridos depois de sua vigência (princípio *tempus regit actum*). Assim, a Constituição Federal dispõe que:

> I - A lei não prejudicará o direito adquirido, o ato jurídico perfeito e a coisa julgada.
>
> II - Não há crime sem lei anterior que o defina, nem pena sem prévia cominação legal.[24]

Ou seja, o ordenamento confere especial atenção à segurança das relações jurídicas ao impedir que a superveniência de novas normas afete situações consolidadas. No dizer do Prof. Luís Roberto Barroso:

---
[24] Art. 5º, incisos XXXVI e XXXIX.

A expressão segurança jurídica passou a designar um conjunto abrangente de ideias e conteúdos que incluem:

- a existência de instituições estatais dotadas de poder e garantias, assim como sujeitas ao princípio da legalidade;
- a confiança nos atos do Poder Público, que deverão reger-se pela boa-fé e razoabilidade;
- a estabilidade das relações jurídicas, manifestada na durabilidade das normas, na anterioridade das leis em relação aos fatos sobre os quais incidem e na conservação dos direitos em face da lei nova;
- a previsibilidade dos comportamentos, tanto os que devem ser seguidos como os que devem ser suportados;
- a igualdade na lei e perante a lei, inclusive com soluções isonômicas para situações idênticas ou próximas.[25]

Em assim sendo, entende-se que as sanções previstas na Lei Anticorrupção não podem ser aplicadas em razão de fatos ocorridos antes da entrada em vigência da norma legal.

1.1.3.1 Aplicação retroativa

A Constituição Federal também estabelece que as normas penais podem retroagir para beneficiar o réu.[26]

As leis sancionadoras administrativas, é bem verdade, não são normas de direito penal estrito senso. Entretanto, por razões de justiça e segurança jurídica, entende-se aplicável às primeiras o princípio da retroatividade da lei mais benéfica. Pertinentes, a respeito, são as lições de Fábio Medina Osório:

> Não há dúvidas de que, na órbita penal, vige, em sua plenitude, o princípio da retroatividade da norma benéfica ou descriminalizante, em homenagem a garantias constitucionais expressas e a uma razoável e racional política jurídica de proteger valores socialmente relevantes, como a estabilidade institucional e a segurança jurídica das relações punitivas. Se esta é a política do Direito Penal, não haverá de ser outra a orientação do Direito Punitivo em geral, notadamente do Direito Administrativo Sancionador, dentro do devido processo legal.

---

[25] BARROSO, Luís Roberto. *Temas de Direito Constitucional*. 2. ed. Rio de Janeiro: Renovar, 2002. p. 50-51.
[26] Artigo 5º, inciso XL.

Se há uma mudança nos padrões valorativos da sociedade, nada mais razoável do que estender essa mudança ao passado, reconhecendo uma evolução do padrão axiológico, preservando-se, assim, o princípio constitucional da igualdade e os valores relacionados à justiça e à atualização das normas jurídicas que resguardam direitos fundamentais. O engessamento das normas defasadas e injustas não traria nenhuma vantagem social. A retroatividade decorre de um imperativo ético de atualização do Direito Punitivo, em face dos efeitos da isonomia.[27]

Pois bem, a norma da Lei Anticorrupção introduz o instituto do acordo de leniência,[28] mediante o qual, dentre outras medidas, podem ser reduzidas ou afastadas as sanções previstas em normas que regem as licitações públicas.

Trata-se, evidentemente, de norma mais benéfica para aqueles que cometeram infrações anteriormente à entrada em vigor da Lei Anticorrupção. Em sendo assim, considera-se cabível que, nessa situação, a norma retroaja de forma a ser permitida a aplicação do acordo de leniência no bojo dos processos de apuração de infrações previstas nas normas de licitações e contratos administrativos.

Desde que, é claro, a leniência de determinado agente não implique a condenação de outro, pois, nesse caso, a aplicação retroativa da norma para o primeiro implicará a piora da situação desse último.

1.2 Regulamentação infralegal

Para serem capazes de se adaptar às mudanças da realidade em uma sociedade cada vez mais dinâmica, as leis, editadas pelo Congresso Nacional, tendem a apresentar um maior grau de imprecisão.

Esse surgimento de normas legais com maior grau de abstração provoca enorme ampliação dos espaços de regulamentação. Ou seja, leis mais abstratas fortalecem o poder de regulamentar – que é o poder de expedir instruções para a operacionalização das leis.

As normas infralegais servem, portanto, para preencher esse espaço, permitindo aos aplicadores das leis que atuem com menos imprecisão.

---

[27] OSÓRIO, Fábio Medina. *Direito administrativo sancionador*. 2. ed. São Paulo: Revista dos Tribunais, 2006. p. 334.

[28] A análise do instituto será objeto de análise em capítulo específico.

1.2.1 Limites do poder regulamentar

Não se pode, contudo, perder de vista os limites do decreto regulamentar, pois, considerando o disposto no inciso II do art. 5º da Constituição Federal, "ninguém será obrigado a fazer ou deixar de fazer alguma coisa senão em virtude de lei". Ou seja, não cabe ao decreto inovar em relação à lei, muito menos contrariá-la, e tampouco alterar a situação jurídica anterior. São precisas, a respeito, as lições de Seabra Fagundes:

> É certo que como a lei, reveste o aspecto de norma geral, abstrata e obrigatória. Mas não acarreta, e aqui dela se distância, modificação à ordem jurídica vigente. Não lhe cabe alterar situação jurídica anterior, mas apenas pormenorizar as condições de modificação originária de outro ato (a lei). Se o fizer, exorbitará, significando uma invasão pelo Poder Executivo da competência legislativa do Congresso.[29]

Ou, consoante Maria Sylvia Zanella Di Pietro, trata-se de regulamento de execução, ao qual não cabe "contrariar a lei, nem criar direitos, impor obrigações, proibições, penalidades que nela não estejam previstos, sob pena de ofensa ao princípio da legalidade"[30] (artigos 5º, II, e 37, caput, da Constituição).

Não há óbices, porém, para a administração estabelecer critérios dentro de seu poder discricionário com o intuito de padronizar determinados procedimentos em que a lei reserva mais de uma opção possível.

Nessa linha e como antes exposto, com fulcro no art. 84, inciso IV, da Constituição Federal,[31] a Lei Anticorrupção foi regulamentada pelo Decreto nº 8.420/2015.[32]

---

[29] SEABRA FAGUNDES, Miguel. *O controle dos atos administrativos pelo Poder Judiciário*. 7. ed. atualizada por Gustavo Binenbojm. Rio de Janeiro: Forense, 2005. p. 26.

[30] DI PIETRO, Maria Sylvia Zanella. *Direito administrativo*. 22. ed. São Paulo: Atlas, 2009. p. 93.

[31] Art. 84. Compete privativamente ao Presidente da República: [...]
IV - sancionar, promulgar e fazer publicar as leis, bem como expedir decretos e regulamentos para sua fiel execução; [...].

[32] Art. 1º Este Decreto regulamenta a responsabilização objetiva administrativa de pessoas jurídicas pela prática de atos contra a administração pública, nacional ou estrangeira, de que trata a Lei nº 12.846, de 1º de agosto de 2013.

1.2.2 Normas infralegais federais e os demais entes da Federação

Nas hipóteses em que a competência da União se limita à edição de normas gerais, a regulamentação da lei efetuada pela Presidência da República mediante o Decreto nº 8.420/2015 possui aplicabilidade restrita à administração pública federal. Ou seja, nessa situação, os estados, o Distrito Federal e os municípios, no bojo de sua competência suplementar, detêm a prerrogativa de regulamentar a Lei Anticorrupção de acordo com suas peculiaridades.

1.3 Objeto
1.3.1 Entidades protegidas pela norma

A Lei nº 12.846/2013 tem por objetivo primordial a proteção e a defesa da administração pública, nacional ou estrangeira:

> Constituem atos lesivos à administração pública, nacional ou estrangeira, para os fins desta Lei, todos aqueles praticados pelas pessoas jurídicas mencionadas no parágrafo único do art. 1º, que atentem contra o patrimônio público nacional ou estrangeiro, contra princípios da administração pública ou contra os compromissos internacionais assumidos pelo Brasil, assim definidos.[33]

Consoante Maria Sylvia Zanella Di Pietro, a administração pública pode ser entendida em dois sentidos:

> Em sentido subjetivo, formal ou orgânico, ela designa os entes que exercem a atividade administrativa; compreende pessoas jurídicas, órgãos e agentes públicos incumbidos de exercer uma das funções em que se triparte a atividade estatal: a função administrativa.[34]
>
> Em sentido objetivo, material ou funcional, ela designa à natureza da atividade exercida pelos referidos entes; nesse sentido, a Administração Pública é a própria função administrativa.

---

[33] *Caput* do art. 5º da Lei nº 12.846/2013.
[34] DI PIETRO, Maria Sylvia Zanella. *Direito administrativo*. 22. ed. São Paulo: Atlas, 2009. p. 49.

1.3.1.1 Administração pública estrangeira

Esse conceito, elaborado pela mencionada autora, por certo, foi instituído pensando na administração pública nacional. Entretanto, é perfeitamente compatível com o conceito de administração pública estrangeira, efetuado pela Lei Anticorrupção:

> Considera-se administração pública estrangeira os órgãos e entidades estatais ou representações diplomáticas de país estrangeiro, de qualquer nível ou esfera de governo, bem como as pessoas jurídicas controladas, direta ou indiretamente, pelo poder público de país estrangeiro.
>
> Para os efeitos desta Lei, equiparam-se à administração pública estrangeira as organizações públicas internacionais.[35]

Veja-se que ambos os conceitos são suficientemente amplos para abarcar todos os níveis e esferas de governo – União, Estados e Municípios no caso do Brasil,[36] – não importando como se apresenta a conformação do Estado nos países estrangeiros.

A norma abrange também a proteção do patrimônio das organizações públicas internacionais,[37] para cuja definição nos valemos do seguinte trecho do voto proferido pela ilustre Ministra Ellen Gracie, do Supremo Tribunal Federal:

> Atores imprescindíveis à convivência pacífica e à cooperação entre os povos, os organismos internacionais não podem ser confundidos com os Estados que os constituem. Celso de Albuquerque Mello, para defini-los, valeu-se do conceito de Angelo Piero Sereni, para quem a organização internacional "é uma associação voluntária de sujeitos de Direito Internacional, *constituída por ato internacional* e disciplinada nas relações entre as partes por normas de Direito Internacional, que se realiza em um ente de aspecto estável, *que possui um ordenamento jurídico interno próprio* e é dotado de órgãos e institutos próprios, por meio dos quais realiza as finalidades comuns de seus membros mediante funções particulares e o exercício de poderes que lhe foram conferidos". (grifos no original).[38] [39]

---

[35] §§1º e 2º do art. 5º da Lei nº 12.846/2013.
[36] Incisos I a III do art. 41 do Código Civil.
[37] São exemplos de organizações públicas internacionais: ONU – Organização das Nações Unidas; UNESCO – Organização das Nações Unidas para educação, ciência e cultura; OMS – Organização Mundial da Saúde; BIRD – Banco Internacional para Reconstrução e Desenvolvimento; FMI – Fundo Monetário Internacional.
[38] RE nº 578543, Relatora: Min. Ellen Gracie, Relator p/ Acórdão: Min. Teori Zavascki, Tribunal Pleno, julgado em 15.05.2013.
[39] MELLO, Celso de Albuquerque. *Curso de Direito Internacional Público*. 14. ed. Rio de Janeiro: Renovar, 2002. p. 583.

Em nosso ordenamento jurídico, as organizações públicas internacionais estão disciplinadas no art. 42 do Código Civil: "São pessoas jurídicas de direito público externo os Estados estrangeiros e todas as pessoas que forem regidas pelo direito internacional público".

1.3.1.2 Pessoas jurídicas controladas pelo poder público

Sempre com o intuito de preservar o patrimônio público, a Lei Anticorrupção expressamente busca proteger as pessoas jurídicas controladas pelo poder público, as quais podem ser divididas em pessoas jurídicas de direito público e privado. As primeiras são as autarquias, associações públicas e outras entidades criadas por lei.[40] As segundas são as empresas públicas – com patrimônio exclusivamente público – e as sociedades de economia mista – com parcela de capital privado, mas com controle público.[41]

1.3.1.3 Princípios da administração pública e compromissos internacionais

A norma coloca, ainda, entre os seus objetivos, a proteção dos princípios da administração pública e dos compromissos internacionais assumidos pelo Brasil.

1.3.1.3.1 Princípios da administração pública

Os princípios, nas lições de Celso Antônio Bandeira de Mello, são:

> [...] por definição, mandamento nuclear de um sistema, verdadeiro alicerce dele, *disposição fundamental que se irradia sobre diferentes normas*, compondo-lhes o espírito e servindo de critério para a sua exata compreensão e inteligência, exatamente por definir a lógica e a racionalidade do sistema normativo, conferindo a tônica que lhe dá sentido harmônico (grifos nossos).[42]

---

[40] Incisos IV e V do art. 41 do Código Civil.
[41] Art. 5º, incisos II e III, do Decreto-Lei nº 200/1967.
[42] BANDEIRA DE MELLO, Celso Antônio. *Curso de direito administrativo*. 26. ed. rev. atual. até a Emenda Constitucional 57, de 18.12.2008. São Paulo: Malheiros, 2009. p. 53.

A Constituição Federal, em seu art. 37, estabeleceu os princípios a que está sujeita a administração pública.[43] A doutrina costuma se referir a esses como princípios explícitos, pois há outros princípios integrantes do regime jurídico-administrativo, denominados implícitos.

São precisas, a respeito, as lições de Hely Lopes Meirelles:

> Os princípios básicos da administração pública estão consubstancialmente em doze regras de observância permanente e obrigatória para o bom administrador: legalidade, moralidade, impessoalidade ou finalidade, publicidade, eficiência, razoabilidade, proporcionalidade, ampla defesa, contraditório, segurança jurídica, motivação e supremacia do interesse público. *Os cinco primeiros estão expressamente previstos no art. 37, caput, da CF de 1988; e os demais, embora não mencionados, decorrem do nosso regime político,* tanto que, ao daqueles, foram textualmente enumerados pelo art. 2º da Lei Federal nº 9.784, de 29.01.1999 (grifou-se).[44]

Por óbvio, quando a norma legal busca proteger os princípios, vislumbra-se o intuito de evitar a prática de atos contra a administração pública que caracterizem a violação desses princípios.

Veja-se que os princípios são da essência da administração pública. Assim, quando a Lei Anticorrupção busca protegê-los, está, em última instância, protegendo a própria administração pública. Acaba por ocorrer, pois, uma proteção em segunda ordem desta.

Com esse objetivo, a norma também deixa claro que sua intenção não é somente defender o patrimônio público, pois poderá haver a prática de atos ilícitos contra a administração pública que não necessariamente acarretem prejuízos ao erário, embora atentem contra os princípios que a regem.

Embora alguns princípios possam ser considerados universais – como o da moralidade –, haverá outros que não necessariamente serão aplicáveis à administração pública estrangeira ou aos organismos públicos internacionais. Assim, no caso de violação de princípios, a aplicação da Lei Anticorrupção deverá ser precedida dos devidos cuidados.

---

[43] Art. 37 da Constituição Federal: a administração pública direta e indireta de qualquer dos Poderes da União, dos Estados, do Distrito Federal e dos Municípios obedecerá aos princípios de legalidade, impessoalidade, moralidade, publicidade e eficiência.

[44] MEIRELLES, Hely Lopes. *Direito Administrativo Brasileiro*. 26. ed. São Paulo: Malheiros, 2001. p. 81-82.

1.3.1.3.2 Compromissos internacionais assumidos pelo Brasil

Nos termos do art. 84, inciso VIII, da Constituição Federal, compete ao Presidente da República celebrar tratados, convenções e atos internacionais, sujeitos a referendo do Congresso Nacional.[45] Incorporado o ato internacional em nosso ordenamento jurídico, ele assume a condição hierárquica de lei ordinária.[46] Consoante, o doutrinador José Francisco Rezek:

> De setembro de 1975 a junho de 1977 estendeu-se, no plenário do Supremo Tribunal Federal, o julgamento do Recurso Extraordinário nº 80.004, em que assentada por maioria a tese de que, *ante a realidade do conflito entre tratado e lei posterior, esta, porque expressão última da vontade do legislador republicano, deve ter sua prevalência garantida pela Justiça* – não obstante as consequências do descumprimento do tratado, no plano internacional (grifou-se).[47]

Pois bem, a Lei Anticorrupção elege a defesa desses compromissos internacionais como um de seus objetivos. Embora a lei não defina, deve-se entender, mediante interpretação lógico-sistemática, que a Lei nº 12.846/2013 busca a proteção dos compromissos internacionais que versam sobre a prática de atos lesivos contra a administração pública, tal qual definido na norma em seu capítulo II.

Em sendo assim, cabe observar que o Brasil é signatário da Convenção das Nações Unidas contra a Corrupção (Convenção de Mérida),[48] da Convenção Interamericana contra a Corrupção[49] e da Convenção sobre o Combate da Corrupção de Funcionários Públicos Estrangeiros em Transações Comerciais Internacionais.[50]

---

[45] O art. 49, inciso I, da Constituição Federal assim dispõe: "É da competência exclusiva do Congresso Nacional: I - resolver definitivamente sobre tratados, acordos ou atos internacionais que acarretem encargos ou compromissos gravosos ao patrimônio nacional; [...]".

[46] Exceção se faz aos tratados internacionais que versem sobre direitos humanos, os quais assumem o caráter de normas supralegais, nos termos do §2º do art. 5º da Constituição Federal e do decidido pelo Supremo Tribunal Federal (HC nº 87585/TO – *Habeas Corpus* – Relator: Min. Marco Aurélio – Julgado em 03.12.2008).

[47] REZEK, José Francisco. *Direito internacional público*. 12. ed. rev. e atual. São Paulo: Saraiva, 2010. p. 101.

[48] Decreto nº 5.687/2006.

[49] Decreto nº 4.410/2002.

[50] Decreto nº 3.678/2000.

A respeito, são elucidativos os seguintes fundamentos dessa última, a qual em grande parte influenciou a elaboração da Lei Anticorrupção:

> Considerando que a corrupção é um fenômeno difundido nas Transações Comerciais Internacionais, incluindo o comércio e o investimento, que desperta sérias preocupações morais e políticas, abala a boa governança e o desenvolvimento econômico, e distorce as condições internacionais de competitividade;
>
> Considerando que todos os países compartilham a responsabilidade de combater a corrupção nas Transações Comerciais Internacionais;
>
> [...]
>
> Reconhecendo o papel dos Governos na prevenção do pedido de propinas de indivíduos e empresas, em Transações Comerciais Internacionais;
>
> Reconhecendo que a obtenção de progresso nessa área requer não apenas esforços em âmbito nacional, mas também na cooperação, monitoramento e acompanhamento multilaterais.

Aplicam-se, aqui, os comentários referentes aos princípios da administração pública. Desse modo, busca-se com a proteção aos compromissos internacionais efetuar uma proteção de segunda ordem da administração pública.

1.3.2 Pessoas jurídicas

Para a consecução de seus objetivos, a norma busca a responsabilização das pessoas jurídicas[51] que pratiquem atos contra a administração pública:

> Esta Lei dispõe sobre a responsabilização objetiva administrativa e civil de pessoas jurídicas pela prática de atos contra a administração pública, nacional ou estrangeira.[52]

---

[51] Consoante Diniz "pessoa jurídica é a unidade de pessoas naturais ou de patrimônios, que visa à consecução de certos fins, reconhecida pela ordem jurídica como sujeito de direitos e obrigações" (DINIZ, Maria Helena. *Curso de direito civil brasileiro*: teoria geral do direito civil. 26. ed. São Paulo: Saraiva, 2009. p. 241).

[52] Art. 1º da Lei nº 12.846/2013.

A exclusiva menção a pessoas jurídicas pode ser explicada porque, em relação às pessoas físicas, já havia outras normas elaboradas com o intuito de responsabilizá-las pela prática de atos contra a administração pública.[53]

A norma legal abrange as pessoas jurídicas nela definidas expressamente:

> Aplica-se o disposto nesta Lei às sociedades empresárias e às sociedades simples, personificadas ou não, independentemente da forma de organização ou modelo societário adotado, bem como a quaisquer fundações, associações de entidades ou pessoas, ou sociedades estrangeiras, que tenham sede, filial ou representação no território brasileiro, constituídas de fato ou de direito, ainda que temporariamente.[54]

1.3.2.1 Sociedades

O primeiro grupo de pessoas jurídicas são as sociedades,[55] as quais são divididas em empresárias e simples.

São empresárias as sociedades que possuem por objeto o exercício de atividade econômica organizada para a produção ou a circulação de bens ou de serviços. As demais sociedades são consideradas simples.[56]

Para não prejudicar o âmbito de abrangência da norma, a Lei Anticorrupção estabeleceu sua aplicabilidade a todas as sociedades, independentemente de sua forma de organização ou modelo societário.[57]

1.3.2.1.1 Sociedades não personificadas

Ademais, com o intuito de evitar práticas que visem a burlar a aplicação da norma, em especial de sócios que sejam negligentes

---

[53] Como exemplo, cita-se o próprio Sistema Penal e a Lei nº 8.429/1992.
[54] Parágrafo único do art. 1º da Lei nº 12.846/2013.
[55] Art. 981 do Código Civil: Celebram contrato de sociedade as pessoas que reciprocamente se obrigam a contribuir, com bens ou serviços, para o exercício de atividade econômica e a partilha, entre si, dos resultados.
[56] Art. 982 do Código Civil: Salvo as exceções expressas, considera-se empresária a sociedade que tem por objeto o exercício de atividade própria de empresário sujeito a registro (art. 967); e, simples, as demais.
[57] De acordo com o Código Civil, as sociedades personificadas podem ser constituídas das seguintes formas: simples, nome coletivo, comandita simples, limitada, sociedade anônima, comandita por ações e cooperativa.

na formalização da sociedade, foi expressamente estabelecido que as sociedades não personificadas também estão sujeitas às disposições da Lei Anticorrupção.

Desta feita, submetem-se à norma as duas espécies de sociedades não personificadas: sociedade em comum – aquela em que não houve a inscrição dos atos constitutivos – e a sociedade em conta de participação – em que há sócio apenas na condição de participante oculto.[58]

1.3.2.1.2 Sociedades estrangeiras

O que foi relatado até aqui em relação às sociedades refere-se às nacionais, que são aquelas organizadas em conformidade com a lei brasileira e que tenham no País a sede de sua administração.[59]

Entretanto, a Lei Anticorrupção aplica-se também às sociedades estrangeiras, as quais, em interpretação a contrario sensu, são aquelas não organizadas em conformidade com a lei brasileira ou que não tenham no País a sede de sua administração.

A submissão das sociedades estrangeiras à Lei Anticorrupção pode ocorrer de duas formas: a primeira é quando funcionam no território brasileiro, sendo que para tanto devem obter autorização do Poder Executivo Federal;[60] e a segunda é quando, em sua atuação no exterior, atentam contra a administração pública nacional.

Cabe sempre lembrar que a submissão das sociedades estrangeiras à Lei Anticorrupção está subordinada à existência de sede,[61] filial ou representação no território brasileiro. Ou seja, devem, de alguma forma, funcionar no país.

Dessa feita, a pessoa jurídica que atue no exterior e não funcione no Brasil não será atingida pela Lei Anticorrupção caso atente contra a administração pública brasileira.

Ademais, a constituição sob a forma de sociedade é requisito para que as entidades estrangeiras estejam submetidas à Lei Anticorrupção. Assim, aquelas que sejam constituídas mediante outra configuração jurídica não o estão.

---

[58] Arts. 986 a 996 do Código Civil.
[59] Art. 1.126 do Código Civil.
[60] Código Civil, art. 1.134. A sociedade estrangeira, qualquer que seja o seu objeto, não pode, sem autorização do Poder Executivo, funcionar no País, ainda que por estabelecimentos subordinados, podendo, todavia, ressalvados os casos expressos em lei, ser acionista de sociedade anônima brasileira.
[61] Há uma contradição na norma, pois, se a sociedade estrangeira possui sede no país, ela deixa de ser estrangeira e passa a ser uma sociedade nacional.

1.3.2.2 Associações

Nos termos do Código Civil, constituem-se as associações pela união de pessoas que se organizem para fins não econômicos.[62] Veja-se que o código não distingue quais espécies de pessoas formam as associações. Assim, está permitida a conclusão de que o termo 'união de pessoas' refere-se tanto a pessoas físicas quanto jurídicas.[63]

Já a Lei Anticorrupção utiliza a expressão 'associações de entidades ou pessoas', demonstrando uma discrepância com o Código Civil no uso de nomenclaturas. Neste, o termo pessoas abrange tanto as físicas quanto as jurídicas. Naquela, o termo pessoas parece estar restrito às pessoas físicas pelo fato de que as jurídicas estariam abrangidas pelo termo entidades.

1.3.2.2.1 Associações públicas

O Código Civil prevê, ainda, a existência de associações públicas,[64] as quais são pessoas jurídicas de direito público resultante da associação em consórcio de entes federativos, nos termos da Lei nº 11.107/2005 – que dispõe sobre normas gerais de contratação de consórcios públicos e dá outras providências.

Entretanto, não se vislumbra que a Lei Anticorrupção tenha por objetivo abranger essa espécie de associação, mesmo que seja responsável pela prática de ato contra outra entidade da administração pública.

Isso porque, caso a entidade integre a própria esfera federativa prejudicada, a cúpula da administração dispõe dos meios adequados para mudar a gestão da associação, suprindo a necessidade de utilização do aspecto preventivo da norma. Já o aspecto sancionador não tem razão de ser, porque quem o sofrerá, em última instância, será a própria administração pública aplicadora da sanção.

Outra hipótese seria aquela em que a associação pública tenha prejudicado outra esfera federativa. Entretanto, a utilização da Lei Anticorrupção nesse caso resultaria que um ente da Federação aplicaria penalidades ou imporia comportamentos a outro ente da Federação, potencialmente configurando violação do pacto federativo.

---

[62] Art. 53 do Código Civil.
[63] Por exemplo, as associações sindicais de grau superior, de que trata a Consolidação das Leis do Trabalho, art. 533: "Constituem associações sindicais de grau superior as federações e confederações organizadas nos termos desta Lei".
[64] Art. 41 - São pessoas jurídicas de direito público interno: [...]
IV - as autarquias, inclusive as associações públicas;

1.3.2.3 Fundações

No nosso ordenamento jurídico, temos as fundações de direito privado e as fundações de direito público.

As fundações de direito privado são entidades em que o instituidor faz dotação especial de bens livres, especificando o fim a que se destina, e declarando, se quiser, a maneira de administrá-la. Somente poderão ser instituídas para fins religiosos, morais, culturais ou de assistência.[65]

A fundação de direito público é uma pessoa jurídica criada por lei[66] e com recursos públicos. Nesse sentido, cabe mencionar o seguinte posicionamento do Supremo Tribunal Federal:

> EMENTA: CONSTITUCIONAL. ADMINISTRATIVO. ART. 28 DA CONSTITUIÇÃO DO ESTADO DO RIO GRANDE DO SUL. EQUIPARAÇÃO ENTRE SERVIDORES DE FUNDAÇÕES INSTITUÍDAS OU MANTIDAS PELO ESTADO E SERVIDORES DAS FUNDAÇÕES PÚBLICAS: INCONSTITUCIONALIDADE
> 1. A distinção entre fundações públicas e privadas decorre da forma como foram criadas, da opção legal pelo regime jurídico a que se submetem, da titularidade de poderes e também da natureza dos serviços por elas prestados.
> 2. Sendo diversos os regimes jurídicos, diferentes são os direitos e os deveres que se combinam e formam os fundamentos da relação empregatícia firmada [...].[67]

Em sendo assim, pelos mesmos motivos expostos em relação às associações públicas, entende-se que a Lei Anticorrupção não alcança as fundações públicas.

1.3.2.4 Entidades constituídas de fato e com existência apenas temporária

A Lei Anticorrupção expressamente aplica-se às entidades constituídas de fato e de direito. Ou seja, tal qual disposto em relação às sociedades não personificadas – que são uma das formas da existência

---

[65] Art. 62 do Código Civil.
[66] Art. 41, inciso V, do Código Civil.
[67] ADI nº 191, Relatora: Min. Cármen Lúcia, Tribunal Pleno, julgado em 29.11.2007.

de entidade de fato – a norma busca evitar que falhas na constituição jurídica da entidade sejam utilizadas para se afastar a aplicação da lei.

Na mesma linha, a norma dispõe que a existência apenas temporária da entidade, mais comum naquelas constituídas apenas de fato, não afasta a aplicação da norma.

1.3.2.5 Demais pessoas jurídicas de direito privado

Como visto, a norma buscou abranger as pessoas jurídicas de direito privado previstas em nosso Código Civil.[68]

Provavelmente, por força da própria natureza dos partidos políticos e das organizações religiosas, essas instituições não foram consideradas no campo de abrangência da Lei Anticorrupção.

Entretanto, não se vislumbra motivo para que tenham sido afastadas do campo de incidência da lei as entidades estrangeiras que não se conformem na condição de sociedade e as empresas individuais de responsabilidade limitada. Ora, trata-se de pessoas jurídicas sujeitas às mesmas relações com a administração pública que aquelas arroladas na lei, não havendo razões, pois, para essa exclusão.

Ademais, considerando o caráter sancionador da norma, afasta-se a possibilidade de aplicação analógica[69] ou interpretação extensiva[70] no sentido de abranger essas entidades.

---

[68] Art. 44. São pessoas jurídicas de direito privado:
I - as associações;
II - as sociedades;
III - as fundações.
IV - as organizações religiosas;
V - os partidos políticos;
VI - as empresas individuais de responsabilidade limitada.

[69] Art. 4º da Lei de Introdução às Normas do Direito Brasileiro: Quando a lei for omissa, o juiz decidirá o caso de acordo com a analogia, os costumes e os princípios gerais de direito.

[70] Consoante Maria Helena Diniz: "Há hipóteses em que o jurista, ou o aplicador, deve lançar mão da interpretação extensiva para completar uma norma, ao admitir que ela abrange certos fatos-tipos, implicitamente. Com isso, ultrapassa o núcleo do sentido normativo, avançando até o sentido literal possível da norma. A interpretação extensiva desenvolve-se em torno de um preceito normativo, para ele compreender casos que não estão expressos em sua letra, mas que nela se encontram, virtualmente, incluídos, conferindo, assim, à norma, o mais amplo raio de ação possível, todavia, sempre dentro do seu sentido literal" (DINIZ, Maria Helena. *Lei de Introdução ao Código Civil brasileiro interpretada*. 15. ed. São Paulo: Saraiva, 2010. p. 195).

1.3.2.6 Solidariedade

A Lei Anticorrupção estabelece hipóteses em que determinadas sociedades serão responsabilizadas solidariamente[71] por atos praticados por outras sociedades, desde que tenham determinadas relações de caráter econômico ou jurídico.

Essa solidariedade, frise-se, está restrita às entidades constituídas sob a forma de sociedade e está limitada à *obrigação de pagamento de multa e reparação integral do dano causado*. Ou seja, limita-se a questões de natureza pecuniária:

> As sociedades controladoras, controladas, coligadas ou, no âmbito do respectivo contrato, as consorciadas, serão solidariamente responsáveis pela prática dos atos previstos nesta Lei, restringindo-se tal responsabilidade à obrigação de pagamento de multa e reparação integral do dano causado.[72]

A solidariedade é justificável ante *os vínculos econômicos existentes entre essas sociedades* e permite uma maior efetividade na aplicação da norma ao evitar que transferências de patrimônios entre as sociedades deem causa à inadimplência das obrigações derivadas da Lei Anticorrupção.

Como a configuração da solidariedade não exige a prática de nenhum ato ilícito por parte da empresa a ser responsabilizada solidariamente e tampouco da transferência de patrimônio com o intuito de escapar dos rigores da lei, está caracterizada a imputação de responsabilidade objetiva, para a qual não se exige a verificação de culpa.

Cabe, entretanto, ter em mente o disposto no inciso XLV do art. 5º da Constituição Federal, o qual estabelece que nenhuma pena passará da pessoa do condenado. Dessa forma, a responsabilização objetiva *não tem a abrangência de possibilitar a imposição de sanção sem ao menos ser verificado o nexo de causalidade entre determinada conduta e o resultado*.

Assim, quando se afirma que a solidariedade se estende à sanção de multa, entende-se que a sociedade solidária está somente obrigada a pagar a multa sofrida pela outra sociedade autora do ato ilícito.

---

[71] Segundo o Código Civil, art. 264: Há solidariedade, quando na mesma obrigação concorre mais de um credor, ou mais de um devedor, cada um com direito, ou obrigado, à dívida toda.

[72] §2º do art. 4º da Lei nº 12.846/2013.

Não se trata propriamente da aplicação de sanção àquela que não praticou conduta reprovável, mas sim, de imputação de solidariedade de natureza civil.

Essa transmudação da natureza da sanção pecuniária também é prevista no Código Penal:

> Art. 51 - Transitada em julgado a sentença condenatória, *a multa será considerada dívida de valor, aplicando-se-lhes as normas da legislação relativa à dívida ativa da Fazenda Pública,* inclusive no que concerne às causas interruptivas e suspensivas da prescrição (grifou-se).

1.3.2.6.1 Empresas controladoras e controladas

A primeira hipótese de solidariedade ocorre entre sociedades que detenham a característica de serem controladoras e controladas. Isso ocorre quando as primeiras detêm de alguma forma controle sobre a gestão das segundas.

Nos termos do Código Civil, a relação de controle ocorre quando:

> I - a sociedade de cujo capital outra sociedade possua a maioria dos votos nas deliberações dos quotistas ou da assembleia geral e o poder de eleger a maioria dos administradores;
>
> II - a sociedade cujo controle, referido no inciso antecedente, esteja em poder de outra, mediante ações ou quotas possuídas por sociedades ou sociedades por esta já controladas.[73]

Veja-se que a Lei nº 12.846/2013 impõe que a solidariedade seja de mão dupla. Ou seja, a controlada responde solidariamente pelos atos praticados por sua controladora e esta responde solidariamente pelos atos praticados por aquela.

1.3.2.6.2 Coligadas

A segunda hipótese de solidariedade refere-se às sociedades coligadas.

---

[73] Art. 1.098.

1.3.2.6.2.1 Sentido amplo

Consoante o Código Civil, consideram-se coligadas as sociedades que, em suas relações de capital, são:

I - controladas,
II - filiadas,
III - de simples participação.

Esse conceito de sociedade coligada pode ser entendido como em sentido amplo.

1.3.2.6.2.2 Sentido estrito

O mesmo Código Civil define, em outra disposição, que sociedade coligada ou filiada é aquela de cujo capital outra sociedade *participa com dez por cento ou mais, do capital da outra*, sem controlá-la.

Esse conceito de sociedade coligada pode ser entendido como em sentido estrito.[74]

1.3.2.6.2.3 Sociedades filiadas

A Lei nº 12.846/2013 utiliza as expressões 'coligadas' e 'controladas'. Ora, caso a norma tivesse o intuito de que fossem abrangidas as sociedades 'coligadas' em sentido amplo, a expressão 'controladas' seria desnecessária, pois estas sociedades já estariam abrangidas por aquelas. Ou seja, tal entendimento iria de encontro à regra de hermenêutica de que a lei não possui palavras inúteis.

Assim, entende-se que a Lei Anticorrupção adotou o sentido estrito para a expressão 'coligada', que abrange, então, somente as sociedades filiadas.

---

[74] Art. 1.097. Consideram-se coligadas as sociedades que, em suas relações de capital, são controladas, filiadas, ou de simples participação, na forma dos artigos seguintes.
Art. 1.099. Diz-se coligada ou filiada a sociedade de cujo capital outra sociedade participa com dez por cento ou mais, do capital da outra, sem controlá-la.

1.3.2.6.2.4 Sociedade de simples participação

Já a sociedade de simples participação[75] – de cujo capital outra sociedade possua menos de dez por cento do capital com direito de voto –, por estar somente abrangida no conceito de coligada em sentido amplo, não é abrangida pelo conceito de solidariedade da Lei nº 12.846/2013.

1.3.2.6.3 Consórcio

O termo consórcio refere-se à associação temporária de esforços entre duas ou mais entidades com o intuito de realizar um objetivo comum, quer por não disporem, isoladamente, de condições para a respectiva consecução, quer por vislumbrarem melhores condições atuando em conjunto.[76]

Trata-se de prática bastante comum em licitações públicas e que pode contribuir para a obtenção de propostas mais vantajosas para a administração pública:

> A possibilidade de consórcios nas licitações pode constituir um estímulo ao aumento da competitividade do certame. Isso porque empresas que isoladamente não preenchem os requisitos de habilitação necessários para participar de determinada licitação podem conseguir participar do certame ao se unirem em consórcios. Ou seja, as consorciadas supririam determinada deficiência uma das outras, de forma que em conjunto elas atenderiam os requisitos de habilitação.[77]

Para *atos praticados no âmbito do escopo do consórcio*, por qualquer das consorciadas, a Lei Anticorrupção estabelece que as demais consorciadas responderão solidariamente. Veja-se que a norma não exige que o ato praticado pela consorciada beneficie, mesmo que potencialmente, os demais integrantes do consórcio.

---

[75] Código Civil: art. 1.100. É de simples participação a sociedade de cujo capital outra sociedade possua menos de dez por cento do capital com direito de voto.

[76] Lei nº 6.404/1976 – Lei das Sociedades por Ações:
Art. 278. As companhias e quaisquer outras sociedades, sob o mesmo controle ou não, podem constituir consórcio para executar determinado empreendimento, observado o disposto neste Capítulo.
§1º O consórcio não tem personalidade jurídica e as consorciadas somente se obrigam nas condições previstas no respectivo contrato, respondendo cada uma por suas obrigações, sem presunção de solidariedade.

[77] ZYMLER, Benjamin; DIOS, Laureano. *Regime diferenciado de contratação*. 3. ed. Belo Horizonte: Fórum, 2014. p. 156.

Essa disposição guarda similitude com aquelas referentes às contratações de consórcios pela administração pública.[78] De acordo com essas normas, na eventual ocorrência de prejuízos decorrentes de conduta ilícita por parte de algum integrante do consórcio, a administração poderá buscar o ressarcimento integral do dano de qualquer outro integrante, mesmo que ele não tenha dado causa ao prejuízo.

Essa hipótese de solidariedade se justifica, também, pelo fato de estimular boas práticas no âmbito corporativo. Assim, uma empresa com adequado programa de *compliance* ou integridade tenderá a se associar a outra que também o detenha, de forma a evitar, sob pena de potencial responsabilização solidária, a associação com empresas que não utilizem tal prática.

1.3.2.7 Alteração da configuração jurídica da entidade

Consoante a Lei nº 12.846/2013,[79] subsiste a responsabilidade da pessoa jurídica na hipótese de alteração de sua configuração jurídica:

> Subsiste a responsabilidade da pessoa jurídica na hipótese de alteração contratual, transformação, incorporação, fusão ou cisão societária.

Com efeito, iria contra o espírito da norma de salvaguardar o interesse público, permitir que tais espécies de alterações, *posteriores aos atos ilícitos praticados*, afastassem a responsabilidade das entidades. Estar-se-ia, caso assim não fosse, abrindo uma brecha legal com evidente estímulo à impunidade.

1.3.2.7.1 Transformação e alteração contratual

O primeiro conjunto de mudanças jurídicas abrange a alteração contratual e a transformação de um tipo para o outro.[80]

Nesses casos, não há extinção da individualidade da entidade, pois ela apenas altera sua apresentação jurídica. Ou seja, não há razões para que a aplicação da Lei Anticorrupção sofra qualquer restrição.

---

[78] Art. 33, inciso V, da Lei nº 8.666/1993 e §1º do art. 51 do Decreto nº 7.581/2011, que regulamenta o Regime Diferenciado de Contratação.

[79] Art. 4º.

[80] Lei nº 6.404/1976: Art. 220. A transformação é a operação pela qual a sociedade passa, independentemente de dissolução e liquidação, de um tipo para outro.

1.3.2.7.2 Fusão e incorporação

O segundo grupo envolve a fusão e a incorporação de entidades. Nesta, uma ou várias entidades são absorvidas por outra que lhes sucede em direitos e obrigações.[81] Naquela, uma ou mais sociedades se unem para formar uma nova sociedade.[82]

Nesses casos, há extinção da sociedade originária e a responsabilidade pelos ilícitos praticados é regulada nos seguintes termos pela Lei Anticorrupção:

> §1º Nas hipóteses de fusão e incorporação, a responsabilidade da sucessora será restrita à obrigação de pagamento de multa e reparação integral do dano causado, até o limite do patrimônio transferido, não lhe sendo aplicáveis as demais sanções previstas nesta Lei decorrentes de atos e fatos ocorridos antes da data da fusão ou incorporação, exceto no caso de simulação ou evidente intuito de fraude, devidamente comprovados.[83]

Ou seja, a obrigação das sucessoras restringe-se ao ressarcimento do dano e às sanções de caráter pecuniário, no limite do patrimônio transferido pela antecessora.

Por certo, caso se verifique que a operação teve por intuito livrar a antecessora das demais sanções previstas na Lei Anticorrupção,[84] a responsabilidade das sucessoras passará a ser integral. Assim, para todos os efeitos legais, será como se tivessem efetivamente praticado o ato ilícito perpetrado pela antecessora.

1.3.2.7.3 Cisão

O terceiro grupo trata da cisão da entidade, que é a operação pela qual a companhia *transfere parcelas do seu patrimônio para uma ou mais entidades*, constituídas para esse fim ou já existentes, extinguindo-se

---

[81] Art. 1.116 do Código Civil.
[82] Art. 1.119 do Código Civil.
[83] §1º do art. 4º.
[84] Código Civil, Art. 166 [...]
§1º Haverá simulação nos negócios jurídicos quando:
I - aparentarem conferir ou transmitir direitos a pessoas diversas daquelas às quais realmente se conferem, ou transmitem;
II - contiverem declaração, confissão, condição ou cláusula não verdadeira;
III - os instrumentos particulares forem antedatados, ou pós-datados.

a companhia cindida, se houver versão de todo o seu patrimônio, ou dividindo-se o seu capital, se parcial a versão.[85]

Aqui há duas hipóteses a serem observadas que farão com que a situação ora se enquadre nas disposições do primeiro grupo ora nas disposições do segundo grupo.

1.3.2.7.3.1 Cisão total

. A primeira, denominada cisão total, ocorre quando a cedente transfere todo o seu patrimônio a outras entidades e se extingue.

Caso essas entidades cessionárias tenham sido constituídas para esse fim, há uma estrita ligação entre a antecessora e as sucessoras, de forma que a situação se aproxima da transformação de entidades. Assim, entendem-se aplicáveis as disposições pertinentes a esse instituto.

Em se tratando de transferência de capital para sociedades preexistentes, aproxima-se do instituto da incorporação, de forma a serem aplicáveis as regras que lhe correspondem, inclusive com a delimitação da responsabilidade ao montante do patrimônio transferido.

1.3.2.7.3.2 Cisão parcial

A outra possibilidade de cisão é a parcial, quando a cedente transfere somente parte de seu patrimônio. Nesse caso, a responsabilidade da cedente permanece íntegra, como no caso de transformação de entidades.

Já para as entidades cessionárias aplica-se o entendimento para a cisão total. Ou seja, se as entidades foram criadas para o fim de receberem patrimônio da cedente, devem ser responsabilizadas integralmente. Caso sejam sociedades preexistentes, respondem somente pelas obrigações de caráter pecuniário no limite do patrimônio cedido.

Em todos os casos devem ser ressalvados os casos de simulação ou fraude, em que a Lei Anticorrupção será aplicável integralmente às sucessoras.

---

[85] Lei nº 6.404/1976, art. 229.

1.3.3 Pessoas naturais e desconsideração da personalidade jurídica

1.3.3.1 Desconsideração da personalidade jurídica

A criação teórica da pessoa jurídica foi avanço que permitiu o desenvolvimento da atividade econômica, ensejando a limitação dos riscos do empreendedor ao patrimônio destacado para tal fim.[86] Ou seja, em regra, as pessoas jurídicas não têm a sua personalidade confundida com a existência de seus sócios ou administradores. Isso porque, após legalmente instituída, a pessoa jurídica passa a existir como um ser sujeito a direitos e obrigações, com capacidade e patrimônio próprios. Como consequência, os patrimônios da entidade e seus sócios/administradores não se intercomunicam e tampouco as obrigações assumidas por cada qual.

Entretanto, pode acontecer que os sócios ou administradores da pessoa jurídica abusem dessa autonomia com o intuito de prejudicar credores ou acobertar a prática de atos ilícitos.

Em assim ocorrendo, estão presentes os fundamentos para a desconsideração da personalidade jurídica, de forma que os sócios/administradores podem ser responsabilizados pelos atos praticados pela entidade. Veja-se que até mesmo outra entidade pode configurar na condição de sócio/administrador, possibilitando que a responsabilidade pela prática do ato recaia sobre ela. Nesse sentido, cabe mencionar o seguinte precedente do Superior Tribunal de Justiça:

> Havendo gestão fraudulenta e pertencendo a pessoa jurídica devedora a grupo de sociedades sob o mesmo controle e com estrutura meramente formal, o que ocorre quando as diversas pessoas jurídicas do grupo exercem suas atividades sob unidade gerencial, laboral e patrimonial, é legítima a desconsideração da personalidade jurídica da devedora para que os efeitos da execução alcancem as demais sociedades do grupo e os bens do sócio majoritário.
>
> Impedir a desconsideração da personalidade jurídica nesta hipótese implicaria prestigiar a fraude à lei ou contra credores (REsp nº 332.763/SP, Rel. Ministra Nancy Andrighi, 3ª Turma, julgado em 30.04.2002) (grifou-se).

---

[86] Superior Tribunal de Justiça: EREsp nº 1306553/SC, Rel. Ministra Maria Isabel Gallotti, 2ª Seção, julgado em 10.12.2014.

Ademais, a desconsideração da personalidade jurídica não se limita somente a questões patrimoniais, podendo também abranger aspectos sancionatórios. Veja-se a respeito o seguinte precedente do Superior Tribunal de Justiça:

> A constituição de nova sociedade, com o mesmo objeto social, com os mesmos sócios e com o mesmo endereço, em substituição a outra declarada inidônea para licitar com a Administração Pública Estadual, com o objetivo de burlar a aplicação da sanção administrativa, constitui abuso de forma e fraude à Lei de Licitações Lei nº 8.666/93, de modo a possibilitar a aplicação da teoria da desconsideração da personalidade jurídica para estenderem-se os efeitos da sanção administrativa à nova sociedade constituída.
>
> A Administração Pública pode, em observância ao princípio da moralidade administrativa e da indisponibilidade dos interesses públicos tutelados, desconsiderar a personalidade jurídica de sociedade constituída com abuso de forma e fraude à lei, desde que facultado ao administrado o contraditório e a ampla defesa em processo administrativo regular.
>
> Recurso a que se nega provimento (RMS nº 15.166/BA, Rel. Ministro Castro Meira, 2ª Turma, julgado em 07.08.2003).

Assim, na linha de outros diplomas legais,[87] a Lei Anticorrupção prevê que a personalidade jurídica poderá ser desconsiderada sempre que utilizada com abuso do direito para facilitar, encobrir ou dissimular a prática dos atos ilícitos previstos na norma ou para provocar confusão patrimonial, sendo estendidos todos os efeitos das sanções aplicadas à pessoa jurídica aos seus administradores e sócios com poderes de administração, observados o contraditório e a ampla defesa.[88]

1.3.3.1.1 Procedimento

A norma legal estabelece a necessidade de ser respeitado o devido processo legal, mas não esclarece como se dará o procedimento de desconsideração da personalidade jurídica. O decreto regulamentador igualmente nada dispôs a respeito.

---

[87] Art. 2º da Consolidação das Leis Trabalhistas, art. 28 do Código de Defesa do Consumidor, art. 4º da Lei nº 9.605/1998, art. 50 do Código Civil; e art. 135 do Código Tributário Nacional.
[88] Art. 14 da Lei nº 12.846/2013.

Assim, há dúvidas acerca do momento em que os prejudicados pela superação da pessoa jurídica devem ser instados a se manifestar – se desde o início do procedimento de apuração do ato ilícito ou em incidente processual no decorrer da apuração. Também não resta claro se o objeto da manifestação será sobre o fato ilícito em si e sobre os motivos da desconsideração da pessoa jurídica ou somente sobre esse último.

Consoante a jurisprudência do Superior Tribunal de Justiça, a superação da personalidade jurídica é um incidente processual que afasta a necessidade de que os sócios/administradores tenham figurado da relação processual desde o seu início, bastando, para dar cumprimento ao devido processo legal, a possibilidade de apresentação de defesa *a posteriori*.[89] Não há óbices, por certo, para que o procedimento de responsabilização desses sócios/administradores ocorra desde o início do processo de apuração previsto na Lei Anticorrupção.

O Novo Código de Processo Civil incorporou esses entendimentos ao dispor que:

> O incidente de desconsideração é cabível em todas as fases do processo de conhecimento, no cumprimento de sentença e na execução fundada em título executivo extrajudicial.
>
> [...]
>
> Dispensa-se a instauração do incidente se a desconsideração da personalidade jurídica for requerida na petição inicial, hipótese em que será citado o sócio ou a pessoa jurídica.[90]

Quanto ao conteúdo da matéria a ser submetida ao contraditório, pressupõe-se que deve ser amplo, abrangendo tanto o ilícito em si, objeto de apuração, quanto os fundamentos da superação da personalidade jurídica. Em suma, para ser garantida a ampla defesa a esses sócios/administradores, eles devem ter a possibilidade de contestar todos os fatos que podem levar à sua responsabilização pessoal, mesmo que determinados fatos já tenham sido objeto de apreciação quando da análise da responsabilidade da pessoa jurídica.

Afasta-se, pois, a possibilidade de simples "transferência" aos sócios/administradores das sanções aplicadas à pessoa jurídica.

---

[89] AgRg no REsp nº 1182385/RS, Rel. Ministro Luis Felipe Salomão, 4ª Turma, julgado em 06.11.2014.

[90] Art. 134 da Lei nº 13.105/2015.

1.3.3.1.2 Efeitos

Cabe destacar que a Lei nº 12.846/2013 limitou-se a estender os efeitos da superação da personalidade jurídica para as sanções a ela aplicadas, não havendo referência à obrigação de reparação do dano sofrido pela administração pública.

Nesse caso, como não se vislumbram razões para esse procedimento do legislador, parece tratar-se aqui de situação em que, aparentemente, foi dito menos do que a intenção. Assim, mediante interpretação extensiva, cabe entender que o instituto em análise aplica-se também à obrigação de reparação do dano.

Mesmo que assim não fosse, de acordo com o espírito da Lei Anticorrupção de proteger o erário, caberia a aplicação analógica de outras normas que preveem a desconsideração da personalidade jurídica, em especial o Código Civil.

1.3.3.2 Pessoas naturais

A pessoa jurídica é mera ficção do direito e somente pode agir por meio de ações de seus representantes – pessoas naturais. Dessa feita, quando se fala em ato ilícito praticado por pessoa jurídica, há também a prática do ato por pessoas naturais.

Em sendo assim, a apuração da prática por pessoas jurídicas de determinado ato ilícito contra a administração pública pode ocorrer mediante a análise desses dois aspectos – ação da pessoa jurídica e ação da pessoa física.

A Lei Anticorrupção deixa bastante explícito que seu objetivo é limitado à responsabilização de pessoas jurídicas e que não tem o intuito de repercutir na apreciação de condutas de pessoas físicas.

Assim, a norma dispõe que a responsabilização das pessoas jurídicas *não exclui a responsabilidade individual de nenhuma pessoa natural, autora, coautora ou partícipe do ato ilícito*. Ademais, a pessoa jurídica será responsabilizada independentemente da responsabilização individual das pessoas naturais.[91]

Ou seja, a lei separa os procedimentos de apuração de condutas das pessoas naturais e aqueles referentes às pessoas jurídicas, bem

---

[91] Art. 3º, *caput* e §1º.

como busca evitar que os resultados de uma apuração repercutam sobre o da outra.[92]

Entretanto, a Lei Anticorrupção, fugindo um pouco de seu escopo principal, dispôs sobre a responsabilização dos dirigentes ou administradores das pessoas jurídicas ao afirmar que *somente serão responsabilizados por atos ilícitos na medida da sua culpabilidade*.[93]

Possivelmente, o legislador quis deixar assente que a fixação da responsabilidade objetiva das pessoas jurídicas, matéria tratada a seguir, não se estende às pessoas naturais. De qualquer maneira, salvo a necessidade de ser preenchida alguma lacuna jurídica, a responsabilização das pessoas naturais acontecerá de acordo com o rito pertinente – penal, civil ou administrativo – e respectivos sistemas de responsabilização, ou seja, independentemente do disposto a respeito na Lei Anticorrupção.

1.3.4 Responsabilidade objetiva

A norma legal estabelece que a responsabilidade da pessoa jurídica é objetiva. Em sendo assim, basta que estejam presentes, no que se refere ao dever de ressarcir, o nexo causal e o dano decorrente de ato ilícito; e no caso de sanção, em que o *ato tenha sido praticado pela empresa*. Não cabe, pois, perquirir a existência de culpa, fator distintivo entre a responsabilidade subjetiva e a objetiva, pelo fato de a culpa não fazer parte do "tipo" administrativo.

Dessas assertivas, cabe destacar que a ausência de perquirição de culpa não afasta a necessidade de que haja a constatação da *prática de determinada conduta ilícita*. Assim, a pessoa jurídica, para ser objeto das sanções da Lei Anticorrupção, *deve ser considerada responsável* pelo ato lesivo[94] e *deve praticar* as condutas lesivas nela previstas:

> Art. 5º Constituem atos lesivos à administração pública, nacional ou estrangeira, para os fins desta Lei, *todos aqueles praticados pelas pessoas jurídicas* mencionadas no parágrafo único do art. 1º, que atentem contra o patrimônio público nacional ou estrangeiro, contra princípios da administração pública ou contra os compromissos internacionais assumidos pelo Brasil, assim definidos: [...] (grifou-se).

---

[92] Disposição semelhante é encontrada no parágrafo único do art. 3º da Lei nº 9.605/1998 – que dispõe sobre as sanções penais e administrativas derivadas de condutas e atividades lesivas ao meio ambiente.

[93] §2º do art. 3º.

[94] Art. 6º da Lei Anticorrupção.

1.3.4.1 Interesse ou benefício da pessoa jurídica

O art. 2º da Lei Anticorrupção assim dispõe:

Art. 2º As pessoas jurídicas serão *responsabilizadas objetivamente*, nos âmbitos administrativo e civil, pelos atos lesivos previstos nesta Lei, *praticados em seu interesse ou benefício, exclusivo ou não* (grifou-se).

Ou seja, ao prever que a responsabilização das entidades será objetiva, a norma estabelece que a configuração do ato ilícito depende de que tenha sido praticado em seu interesse ou benefício, não havendo óbices para que terceiro também seja beneficiado ou tenha interesse.

Em outras palavras, é pressuposto da responsabilização da pessoa jurídica que o ato impugnado tenha sido praticado em seu interesse. Podem até coexistir interesses de outros agentes, mas é essencial, para a configuração do ilícito presente na Lei Anticorrupção, a presença de interesse ou benefício da pessoa jurídica a ser responsabilizada.

Assim, caso a pessoa jurídica pratique ato de interesse exclusivo de outrem, em princípio, a conduta não seria abrangida pela Lei Anticorrupção.

Por certo, trata-se de situação cuja ocorrência será muito rara, senão inexistente. Isso porque, mesmo que não se enquadre na Lei Anticorrupção, a conduta ilícita poderá estar sujeita a diversas outras sanções de caráter penal ou administrativo, de forma que não se espera que uma entidade se disponha a correr tais riscos sem que vislumbre nenhum benefício a respeito.

1.3.4.2 Responsabilização por ato de terceiro

Da leitura do mencionado art. 2º da Lei Anticorrupção, verifica-se que a norma fala em atos "praticados", não dispondo acerca de quem seria o autor desses atos.

Desta feita, a interpretação literal desse dispositivo permite que se entenda que a pessoa jurídica pode ser responsabilizada por *atos por ela praticados ou por terceiros*.

Na primeira hipótese, há uma conduta ilícita praticada em benefício de seu autor, não havendo maiores dificuldades para se encaixar essa situação nas disposições da Lei Anticorrupção, em especial seus artigos 2º, 5º e 6º.

Na segunda hipótese, a pessoa jurídica será responsabilizada por ato praticado por terceiro. Entretanto, como já afirmado, a imputação de responsabilidade objetiva não afasta a necessidade de que exista a conduta consistente na prática de determinado ilícito.

Nessa linha, o simples fato de a pessoa jurídica ser beneficiária da prática de ato ilícito perpetrado por outrem não permite a sua responsabilização. Até porque, *caso a entidade não* tenha praticado a conduta ilícita, nem sequer estará preenchido o requisito da prática do ato lesivo previsto no art. 5º da Lei Anticorrupção.

Essa situação hipotética ocorrerá quando o terceiro não possuir nenhum vínculo com a pessoa jurídica, de forma que não se pode afirmar que essa entidade tenha tido algum envolvimento na prática do ato ilícito. Trata-se, mais de uma vez, de situação que dificilmente ocorrerá, pois não é razoável esperar que terceiro pratique determinado ato ilícito em benefício de outrem sem que este contribua de alguma forma, direta ou indiretamente, para a prática do ato.

1.3.4.2.1 Terceiro como interposta pessoa

No mais das vezes, entretanto, o terceiro estará atuando como representante da pessoa jurídica beneficiária em decorrência de algum poder em que foi investido. Ou seja, de alguma forma, esse terceiro representa a pessoa jurídica e age em seu nome. Essa representação pode ser formalizada (*v.g.* despachante, representante comercial, procuradores em geral, etc.) ou não, com a utilização de interposta pessoa para ocultar os reais interesses da representada.

Na verdade, nesse caso, o que se verificará é que a própria pessoa jurídica estará agindo mediante a sua *longa manus*. Em sendo assim, por ser a autora ou a coautora dos delitos, mesmo que indiretamente, não há óbices para a aplicação da Lei Anticorrupção.

Já a responsabilização objetiva ganha relevo aqui, porque não será objeto de inquirição se a pessoa jurídica foi ou não diligente na escolha de seus representantes. Assim, os atos desses "terceiros" são imputáveis à pessoa jurídica independentemente da existência de culpa em sua escolha.

Em outras palavras, a responsabilidade da pessoa jurídica pelos atos desses agentes subsistirá mesmo que não se constate nenhuma impropriedade no procedimento de escolha desses "terceiros".

1.3.4.3 Responsabilidade civil

Considerando as duas vertentes da norma – responsabilidade civil e administrativa –, cabe averiguar como se dará a responsabilização objetiva em cada qual. Tratar-se-á, agora, da responsabilidade civil.

A regra geral em nosso ordenamento jurídico é que a responsabilidade daqueles que causam lesão a terceiros é subjetiva, ou seja, depende da comprovação de culpa por parte do agente. Nesse sentido dispõe o art. 186 do Código Civil:

> Art. 186. Aquele que, por ação ou omissão voluntária, negligência ou imprudência, violar direito e causar dano a outrem, ainda que exclusivamente moral, comete ato ilícito.

Entretanto, o mesmo Código Civil[95] estabelece que haverá obrigação de reparar o dano, independentemente de culpa, *nos casos especificados em lei*, ou quando a atividade normalmente desenvolvida pelo autor do dano implicar, por sua natureza, risco para os direitos de outrem. São precisas, a respeito, as seguintes lições:

> A lei impõe, entretanto, a certas pessoas, em determinadas situações, a reparação de um dano cometido sem culpa. Quando isso acontece, diz-se que a responsabilidade é legal ou "objetiva", porque prescinde da culpa. [...]
> Nos casos de responsabilidade objetiva, não se exige prova de culpa do agente para que seja obrigado a reparar o dano. Em alguns casos, ela é presumida em lei. Em outros, é de todo prescindível, porque a responsabilidade se funda no risco (objetivamente propriamente dita ou pura) [...]
> A responsabilidade civil desloca-se da noção de culpa para a ideia de risco, ora encarada como "risco proveito", que se funda no princípio segundo o qual é reparável o dano causado a outrem em consequência realizada em benefício do responsável.[96]

Cabe mencionar os seguintes exemplos de hipóteses legais de responsabilização objetiva:

---

[95] Parágrafo único do art. 927 do Código Civil.
[96] GONÇALVES, Carlos Roberto. *Responsabilidade civil de acordo com o novo código civil*. 9. ed. São Paulo, 2005. p. 21-22.

I - O fabricante, o produtor, o construtor, nacional ou estrangeiro, e o importador respondem, independentemente da existência de culpa, pela reparação dos danos causados aos consumidores (art. 12 do Código de Defesa do Consumidor).

II - Sem obstar a aplicação de penalidade, é o poluidor obrigado, independentemente da existência de culpa, a indenizar ou a reparar os danos causados ao meio ambiente e a terceiros, afetados por sua atividade (§1º do art. 14 da Lei nº 6.6938/1981 – Dispõe sobre a Política Nacional do Meio Ambiente).

III - As pessoas jurídicas de direito público e as de direito privado prestadoras de serviços públicos responderão pelos danos que seus agentes, nessa qualidade, causarem a terceiros, assegurado o direito de regresso contra o responsável nos casos de dolo ou culpa (§6º do art. 37 da Constituição Federal).

IV - São também responsáveis pela reparação civil as pessoas a seguir indicadas, ainda que não haja culpa de sua parte, pelos atos de terceiros ali referido: I - os pais, tutores e curadores por aqueles que estiverem sob sua autoridade e em sua companhia; II - o empregador ou comitente, por seus empregados, serviçais e prepostos, no exercício do trabalho que lhes competir, ou em razão dele; III - os donos de hotéis pelos seus hóspedes; IV - os que gratuitamente houverem participado nos produtos do crime (arts. 932 e 933 do Código Civil).

V - As pessoas jurídicas de direito público interno são civilmente responsáveis por atos dos seus agentes que nessa qualidade causem danos a terceiros, ressalvado direito regressivo contra os causadores do dano, se houver, por parte destes, culpa ou dolo (art. 43 do Código Civil).

Nessa linha, consoante a Lei Anticorrupção, sempre de acordo com o princípio de direito de vedação ao enriquecimento sem causa, as pessoas jurídicas serão *responsabilizadas objetivamente, no âmbito civil, pelos atos lesivos previstos na lei que causarem prejuízo à administração pública*.[97]

1.3.4.4 Responsabilidade administrativa

Como visto, a reponsabilidade objetiva possui maiores contornos no campo da reparação civil.

---

[97] Art. 2º. As pessoas jurídicas serão responsabilizadas objetivamente, nos âmbitos administrativo e civil, pelos atos lesivos previstos nesta Lei praticados em seu interesse ou benefício, exclusivo ou não.

Quando se trata da aplicação de sanções administrativas, nosso ordenamento jurídico não é tão rico de exemplos que prevejam, ao menos de forma explícita na lei, a aplicação de sanções independentemente de culpa. A respeito, cabe mencionar a Lei nº 12.529/2011 – que estrutura o Sistema Brasileiro de Defesa da Concorrência:

> Constituem infração da ordem econômica, *independentemente de culpa*, os atos sob qualquer forma manifestados, que tenham por objeto: I - prejudicar a livre concorrência ou a livre iniciativa; II - dominar mercado relevante de bens ou serviços; III - aumentar arbitrariamente os lucros; IV - exercer de forma abusiva posição dominante[98] (grifou-se).

Pois bem, a Lei Anticorrupção também prevê a responsabilização objetiva no âmbito administrativo.[99]

Entretanto, há forte corrente doutrinária no sentido de que processos administrativos sancionadores se assemelham aos processos penais, sendo necessária a presença do elemento subjetivo – culpa ou dolo – para justificar a aplicação de sanção, sob pena de ficarem violados os dispositivos constitucionais referentes aos direitos e garantias fundamentais (art. 5º da Constituição Federal). Indicativas desse entendimento são as lições de Fábio Medina Osório:

> A Lei nº 12.846/13 ostenta natureza punitiva e deve submeter-se ao regime jurídico do Direito Administrativo Sancionador. Nesse sentido, *não é cabível falar em responsabilidade objetiva de pessoas jurídicas para fins de imposição de penalidades administrativas*. Cabe ao acusador o ônus da prova, que não pode ser invertido. Necessário trabalhar a culpabilidade da empresa, o que requer níveis prudenciais de conduta na tomada de decisões, para atender padrões de probidade (boa gestão), e é precisamente neste campo que pode surgir novo espaço para responsabilidade de pareceristas e maior consistência nos processos de tomada de decisões empresariais[100] (grifou-se).

Em sentido diverso, outros autores, como Celso Antônio Bandeira de Mello, entendem poder ser afastada a perquirição da existência de culpa ou dolo para a aplicação de sanções administrativas:

---

[98] Art. 36 da Lei nº 12.529/2011.
[99] Art. 2º da Lei Anticorrupção.
[100] OSÓRIO, Fábio Medina. Lei Anticorrupção dá margem a conceitos perigosos. *Boletim de Notícias Conjur*. Disponível em: http://www.conjur.com.br/2013-set-20/lei-anticorrupcao-observar-regime-direito-administrativo-sancionador. Acesso em: 31 mar. 2015.

É muito discutido em doutrina se basta a mera voluntariedade para configurar a existência de um ilícito administrativo sancionável, ou se haveria necessidade ao menos de culpa. Quando menos, até o presente momento, temos entendido que *basta a voluntariedade*, sem prejuízo, como é claro, de a lei estabelecer exigência maior perante a figura tal e qual[101] (grifou-se).

Em que pesem essas considerações, a opção do legislador foi exigir somente a responsabilidade objetiva da pessoa jurídica quando da prática de atos enquadráveis na Lei Anticorrupção.

Veja-se também que os fundamentos daqueles que defendem a inconstitucionalidade desse dispositivo legal baseiam-se em preceitos constitucionais relativos à culpabilidade, mais afetos às pessoas naturais, sendo que não pode ser descartada a possibilidade de mitigação desses preceitos ao se tratar de pessoas jurídicas. Veja-se, a respeito, as lições de adequado magistério:

> No plano do Direito Administrativo Sancionador, pode-se dizer que a culpabilidade é uma exigência genérica, de caráter constitucional, que limita o Estado na imposição de sanções a pessoas físicas. Não se trata de exigência que alcance também as pessoas jurídicas, com o mesmo alcance. Pode-se sinalizar que a culpabilidade das pessoas jurídicas remete à evitabilidade do fato e aos deveres de cuidado objetivos que se apresentam encadeados na relação causal. É por aí que passa a culpabilidade.[102]

Essa matéria, contudo, já se encontra judicializada mediante a propositura de Ação Direta de Inconstitucionalidade.[103] Cabe, pois, aguardar a manifestação do Supremo Tribunal Federal.

De qualquer forma, insta observar que, no âmbito da Lei Anticorrupção, a possibilidade de responsabilização objetiva perde parte de sua importância ao se verificar que dificilmente as infrações previstas na norma ocorreriam sem a evidência de uma conduta minimamente culposa. Esse é o tópico que será tratado a seguir.

---

[101] BANDEIRA DE MELLO, Celso Antônio. *Curso de direito administrativo*. 26. ed. rev. atual. até a Emenda Constitucional 57, de 18.12.2008. São Paulo: Malheiros, 2009. p. 848.

[102] OSÓRIO, Fábio Medina. *Direito administrativo sancionador*. 2. ed. São Paulo: Revista dos Tribunais, 2006. p. 470.

[103] Ação Direta de Inconstitucionalidade – ADI nº 5.261 impetrada pelo Partido Social Liberal.

1.3.4.4.1 Culpa de pessoas jurídicas

Em caso em que se apreciava a responsabilidade penal de pessoas jurídicas em decorrência da prática de crimes ambientais, a Ministra Rosa Weber, do Supremo Tribunal Federal, assim descreveu as principais teorias a respeito da culpabilidade das pessoas jurídicas:

> E diversas as teorias a respeito (sobre elas, *v.g.* Simester, A. G.; Sullivan, G. R.),[104] como a *doutrina da identificação* ("doctrine of identification"), segundo a qual a responsabilidade da pessoa jurídica decorre da culpabilidade de seus dirigentes; a *doutrina da responsabilização pelo ato de seus dirigentes ou empregados* ("vicarious liability" nos sistemas da common law), quando estes cometem o crime agindo no interesse e em nome da entidade; e a *doutrina da agregação* ("aggregation theory"), que envolve a avaliação da conduta e do elemento subjetivo do corpo funcional da empresa como um todo, no sentido de que, ainda que um indivíduo possa ser especificamente responsabilizado, a responsabilização da empresa decorreria da culpabilidade agregada de seus dirigentes e empregados (a teoria foi desenvolvida a partir do caso US v. Bank of New England, 821 F.2d 844, da Primeira Corte de Apelações Federais dos Estados Unidos) (grifos no original).[105]

1.3.4.4.1.1 Transferência da conduta das pessoas naturais

As duas primeiras teorias pressupõem a transferência à entidade das condutas culposas de seus representantes. Com efeito, se as pessoas jurídicas somente podem agir por meio de pessoas naturais atuando em seu nome,[106] nada mais lógico concluir que esse ato configura a própria entidade personalizada atuando. Ou seja, eventual culpa ou dolo desses representantes pertencem à própria pessoa jurídica.

Nessa linha, menciono as precisas lições de Marçal Justen Filho:

> Como assevera Frank Moderne: "A regra é então que a repressão administrativa, como a repressão penal, obedece ao princípio da culpabilidade

---

[104] SIMESTER, A. G.; SULLIVAN, G. R. *Criminal law*: theory and doctrine. 2. ed. Oxford: Hart Pulishing, 2003. p. 251-262.
[105] Na condição de Relatora do RE nº 548.181/2013-PR.
[106] Os atos praticados pelos diretores de sociedades anônimas, em nome destas, não ocorrem por mera intermediação ou representação da pessoa jurídica. Vale dizer que, a rigor, essas sociedades não são propriamente representadas pelos seus órgãos administrativos nos atos praticados, tendo em vista que é mediante estes que elas próprias se apresentam perante o mundo exterior (REsp nº 1377908/RJ, Rel. Ministro Luis Felipe Salomão, 4ª Turma, julgado em 21.05.2013).

e que as sanções administrativas, como as sanções penais, não podem ser infligidas sem que o comportamento pessoal do autor da infração não tenha revelado uma culpa intencional ou de negligência. O mesmo autor acrescenta, logo após, que a responsabilização administrativa (ou penal) das pessoas jurídicas pressupõe a transferência à entidade personalizada das condutas culposas cometidas pelos órgãos que exprimem sua capacidade ou seus agentes".[107]

Nas palavras do mesmo autor, "somente se consuma uma das infrações previstas na Lei nº 12.846/2013 quando a conduta da pessoa física for eivada de um elemento subjetivo reprovável". Em sendo assim, conclui: "consumada a infração em virtude da conduta reprovável de um ou mais indivíduos, poderá reproduzir-se a responsabilização da pessoa jurídica".[108]

Esse entendimento, cabe esclarecer, não equivale a dizer que a pessoa jurídica deva somente ser responsabilizada em conjunto com as pessoas naturais – até porque a própria Lei Anticorrupção descarta essa necessidade. Tão somente afirma-se que, ao se identificar atos ilícitos praticados por pessoas jurídicas, inevitavelmente se deparará com atos ilícitos praticados por pessoas naturais.

Por outro lado, diante da complexidade das organizações empresariais com diluição de atribuições entre diversos agentes, pode-se chegar ao entendimento de que não é possível responsabilizar em concreto determinada pessoa natural, ante o reduzido grau de culpabilidade dessa conduta. Isso não impede, entretanto, que se considere a culpabilidade da pessoa jurídica pelo conjunto de atos praticados em seu nome e que redundaram na prática de determinado ato ilícito. São precisas a respeito as seguintes considerações constantes do já mencionado voto da Ministra Rosa Weber:

> Além de inexistir previsão legal de coautoria necessária nesses casos, tal interpretação quase esvaziaria a responsabilização penal do ente moral; "nem sempre será o caso de se atribuir determinado ato a uma única pessoa física, pois existem atos que só se exteriorizam por diversas condutas. [...] muitas vezes os atos de uma pessoa jurídica – principalmente as decisões colegiadas, ou as individuais submetidas

---

[107] JUSTEN FILHO, Marçal. *Curso de Direito Administrativo*. 11. ed. São Paulo: Revista dos Tribunais, 2015. p. 596-597.
[108] JUSTEN FILHO, Marçal. A "Nova" Lei Anticorrupção Brasileira (Lei Federal nº 12.846). *Informativo Justen, Pereira, Oliveira e Talamini*, Curitiba, n. 82, dezembro de 2013. Disponível em: http://www.justen.com.br/informativo. Acesso em: 31 mar. 2015.

à confirmação – podem ser atribuídas a um conjunto de indivíduos, sem que qualquer deles possa ser responsabilizado pelo ato da pessoa jurídica".[109]

Marçal Justen Filho[110] defende, inclusive, que é essa a responsabilidade objetiva a que alude a Lei Anticorrupção. Ou seja, a pessoa jurídica será responsável pela existência de vínculo jurídico com a pessoa natural infratora.

1.3.4.4.1.2 Culpa corporativa

A terceira teoria de responsabilização da pessoa jurídica é baseada na culpa corporativa, qual seja, a entidade pode ser responsabilizada caso não disponha de meios adequados de controle para evitar a prática dos atos ilícitos. Entra em questão, pois, a cultura empresarial e a existência efetiva de mecanismos de integridade.

A Lei Anticorrupção, entretanto, expressamente consignou que a cultura empresarial deficiente não é elemento configurador do ilícito, mas fator a ser considerado quando da dosimetria da pena.[111]

Há, contudo, autores a defender que a Lei Anticorrupção deve ser interpretada no sentido de que a empresa somente deve ser apenada caso possua mecanismos insuficientes de integridade.[112] É, pois, argumentado acerca da inconveniência de ser aplicada sanção à empresa em razão da prática isolada de infração por funcionário, o qual teria agido em desacordo com as normas da pessoa jurídica.

Crê-se, entretanto, que, na espécie, a solução deva ser dada não por afastar a tipicidade da conduta ao se constatar a ausência de culpa corporativa da pessoa jurídica, mas sim, por considerar a existência de um programa de integridade quando da dosimetria da pena. Caso se constate uma preponderância de relevantes circunstâncias atenuantes,

---

[109] DINO NETO, Nicolau et al. *Crimes e infrações administrativas ambientais*. Belo Horizonte: Del Rey, 2011. p. 55-57.

[110] JUSTEN FILHO, Marçal. A "Nova" Lei Anticorrupção Brasileira (Lei Federal nº 12.846). *Informativo Justen, Pereira, Oliveira e Talamini*, Curitiba, n. 82, dezembro de 2013. Disponível em: http://www.justen.com.br/informativo. Acesso em: 31 mar. 2015.

[111] Art. 7º, inciso VIII.

[112] ALBUQUERQUE, Ana Cláudia de Paula. A responsabilidade objetiva administrativa da empresa na Lei nº 12.846/2013. *Revista Brasileira de Estudos da Função Pública – RBEFP*, Belo Horizonte, ano 3, n. 9, set./dez. 2014. Disponível em: http://bid.editoraforum.com.br/bid/PDI0006.aspx?pdiCntd=230851. Acesso em: 01 abr. 2015.

poder-se-ia chegar à conclusão acerca da não pertinência de aplicação da sanção.

É certo que a Lei Anticorrupção não estabelece expressamente a possibilidade de não aplicação de sanção na ocorrência dos atos lesivos nela previstos. Entretanto, seria o caso de ser dada à norma interpretação que a coadune com o princípio constitucional da individualização da pena (art. 5º, inciso XLVI da Constituição Federal).[113]

---

[113] No dizer de Alexandre de Moraes, o princípio da individualização da pena consiste na exigência entre uma estreita correspondência entre a responsabilização da conduta do agente e a sanção a ser aplicada, de maneira que a pena atinja as suas finalidades de repressão e prevenção. (MORAES, Alexandre de. *Direitos humanos fundamentais*: teoria geral: comentários aos arts. 1º ao 5º da Constituição da República Federativa do Brasil. 7. ed. São Paulo: Atlas, 2006).

CAPÍTULO 2

ATOS LESIVOS À ADMINISTRAÇÃO PÚBLICA

A Lei Anticorrupção possui por objetivo coibir a prática de determinadas condutas com o intuito de proteger a administração pública nacional ou estrangeira.

Essas condutas estão disciplinadas no art. 5º da Lei Anticorrupção, cabendo rememorar que *a norma exige ser o ato praticado no interesse ou benefício da pessoa jurídica*. Ademais, o fato de *a responsabilização ser objetiva não afasta a necessidade de ser verificada a voluntariedade do agente*, ou seja, deve ocorrer o seu *animus* em praticar determinada conduta.

Passa-se, então, a analisar as condutas tipificadas na norma.

2.1 Atos lesivos em geral

2.1.1 Vantagem indevida a agente público

O primeiro conjunto de atos lesivos consiste em "prometer, oferecer ou dar, direta ou indiretamente, vantagem indevida a agente público, ou a terceira pessoa a ele relacionada".[114]

Trata-se de discrição similar aos crimes de corrupção ativa e corrupção ativa em transação comercial internacional previstos no Código Penal:

> Art. 333 - Oferecer ou prometer vantagem indevida a funcionário público, para determiná-lo a praticar, omitir ou retardar ato de ofício.

---
[114] Art. 5º, inciso I, da Lei nº 12.846/2013.

Art. 337-B. Prometer, oferecer ou dar, direta ou indiretamente, vantagem indevida a funcionário público estrangeiro, ou a terceira pessoa, para determiná-lo a praticar, omitir ou retardar ato de ofício relacionado à transação comercial internacional.

Veja-se que a norma administrativa difere da norma penal. Esta exige que a vantagem seja relacionada à prática de algum ato de ofício. Aquela se configura com a mera prática de ato referente à vantagem ilícita, mesmo que não se vincule a qualquer conduta do agente público.

Busca-se, assim, inibir, desde o seu nascedouro, eventual conduta ilícita do agente público em consequência do oferecimento da vantagem. Isso porque, por vezes, o oferecimento da vantagem ocorre como gesto de aproximação para que posteriormente seja solicitada a conduta ilegal do agente público. Ou seja, antes que a pessoa jurídica exteriorize essas intenções, o fato típico já estará configurado.

Por certo, a vantagem oferecida deve ser indevida, de acordo com os normativos pertinentes. No âmbito do Poder Executivo federal, por exemplo, é permitida a aceitação de brindes:

> I - que não tenham valor comercial ou sejam distribuídos por entidade de qualquer natureza a título de cortesia, propaganda, divulgação habitual ou por ocasião de eventos ou datas comemorativas de caráter histórico ou cultural, desde que não ultrapassem o valor unitário de R$100,00 (cem reais);
> II - cuja periodicidade de distribuição não seja inferior a 12 (doze) meses; e
> III - que sejam de caráter geral e, portanto, não se destinem a agraciar exclusivamente uma determinada autoridade.[115]

A norma dispõe que o oferecimento da vantagem pode também se dar de "forma indireta", ou seja, por meio de interposta pessoa. Esse termo da lei, entretanto, apenas explicita o entendimento de que são autores ou coautores do ilícito, possivelmente na condição de autores intelectuais, aqueles que se utilizam de terceiros para a sua prática.

Outrossim, o oferecimento da vantagem não necessita ser feito ao agente público para caracterizar o ilícito, pois basta que seja efetuado a terceiro a ele relacionado.

---

[115] Art. 5º da Resolução nº 3/2000 da Casa Civil da Presidência da República.

2.1.1.1 Conceito de agente público

De forma praticamente idêntica ao disposto no art. 337-D do Código Penal, a Lei Anticorrupção definiu agente público estrangeiro como:

> Quem, ainda que transitoriamente ou sem remuneração, exerça cargo, emprego ou função pública em órgãos, entidades estatais ou em representações diplomáticas de país estrangeiro, assim como em pessoas jurídicas controladas, direta ou indiretamente, pelo poder público de país estrangeiro ou em organizações públicas internacionais.[116]

A Lei Anticorrupção nada dispôs acerca do conceito de agente público nacional para os fins de sua aplicação. Crê-se, entretanto, que a norma legal quis proteger similarmente tanto a administração estrangeira quanto a nacional, de forma que, por simetria e analogia,[117] pode-se extrair o conceito de agente público nacional daquele preconizado para o de agente estrangeiro.

Desta feita, pode-se entender agente público nacional aquele que:

> Ainda que transitoriamente ou sem remuneração, exerça cargo, emprego ou função pública em órgãos, entidades estatais, assim como em pessoas jurídicas controladas, direta ou indiretamente, pelo poder público.

Trata-se, por certo, de conceito mais restritivo do que aquele do Código Penal,[118] o qual equipara agentes públicos a quem exerce cargo, emprego ou função em entidade paraestatal e a quem trabalha para empresa prestadora de serviço contratada ou conveniada para a execução de atividade típica da administração pública.

Entretanto, a adoção desse conceito mais amplo implicaria analogia *in malam partem*, o que é vedado no direito sancionador sob pena de se ferir o princípio da legalidade.[119]

---

[116] Art. 5º, §3º, da Lei Anticorrupção.
[117] Consoante o art. 4º da Lei de Introdução às Normas do Direito Brasileiro: "Quando a lei for omissa, o juiz decidirá o caso de acordo com a analogia, os costumes e os princípios gerais de direito".
[118] Art. 327.
[119] Constituição Federal, art. 5º, inciso XXXIX: "não há crime sem lei anterior que o defina, nem pena sem prévia cominação legal".

2.1.2 Suporte financeiro ao ilícito

O segundo grupo de atos ilícitos consiste em, "comprovadamente, financiar, custear, patrocinar ou de qualquer modo subvencionar a prática dos atos ilícitos previstos na norma".[120]

Trata-se de fato típico acessório à consumação de outro. Ou seja, o suporte financeiro ao ilícito somente se consumará caso o ilícito suportado efetivamente aconteça, pois a norma não prevê a penalização da tentativa de financiamento do ilícito.

Esse ato ilícito financiado, destaque-se, deve configurar fato típico previsto na Lei Anticorrupção. Caso assim não ocorra, o ato de financiamento do ato ilícito também não configurará infração prevista na Lei Anticorrupção.

Veja-se que não se trata de qualquer financiamento ao autor de determinado ilícito que configura a infração aqui tratada, pois, para caracterizá-la, o agente financiador deve ter ciência de que está auxiliando a prática do ato ilícito por parte do financiado.

A norma legal enfatiza que o auxílio financeiro deve estar "comprovado" para ser caracterizado o ilícito. Trata-se, estima-se, de vocábulo desnecessário, pois nosso ordenamento jurídico não permite a punição de quem quer que seja sem que esteja demonstrada a autoria e a existência do ato ilícito.

2.1.3 Utilização de interposta pessoa

O próximo fato típico consiste em, "comprovadamente, utilizar-se de interposta pessoa física ou jurídica para ocultar ou dissimular seus reais interesses ou a identidade dos beneficiários dos atos praticados".[121]

Trata-se, pois, de coibir a constituição dos denominados "laranjas", que são aqueles utilizados para a prática de determinados atos em interesse de terceiros ocultos.

. A norma não exige que os atos praticados pelas pessoas interpostas estejam previstos na Lei Anticorrupção e tampouco sejam ilícitos. Somente exige que a entidade tenha se utilizado de terceira pessoa para ocultar seu interesse na prática dos atos.

Na verdade, caso a interposta pessoa pratique ato previsto na Lei Anticorrupção, estar-se-á provavelmente diante de situação em que a

---

[120] Art. 5º, inciso II, da Lei nº 12.846/2013.
[121] Art. 5º, inciso III, da Lei nº 12.846/2013.

própria entidade utilizadora dessa interposta pessoa será autora desse ato ilícito, possivelmente na condição de autora intelectual. Isso poderá ocorrer quer em coautoria com o "laranja", caso este seja pessoa jurídica, quer individualmente, caso a interposta pessoa seja pessoa física não alcançável pela Lei Anticorrupção.

Nesse caso, a entidade incidirá duplamente nas condutas vedadas pela lei – utilização de interposta pessoa para ocultar seus interesses e a prática do ato ilícito propriamente dito.

A norma legal também enfatiza que o fato típico deve estar "comprovado" para que seja caracterizado o ilícito. Aplicam-se aqui os mesmos comentários efetuados em relação ao ilícito anterior no sentido de ser desnecessária a menção a esse vocábulo.

2.1.4 Interferência na atuação de agentes públicos

Consiste em "dificultar a atividade de investigação ou fiscalização de órgãos, entidades ou agentes públicos, ou intervir em sua atuação, inclusive no âmbito das agências reguladoras e dos órgãos de fiscalização do sistema financeiro nacional".[122]

Consoante o art. 174 da Constituição Federal, o Estado possui a função de agente normativo e regulador da atividade econômica, devendo exercer as *funções de fiscalização*, incentivo e planejamento.[123]

Essa fiscalização da atividade econômica ocorre mediante o exercício de seu poder de polícia administrativa, assim definido no Código Tributário Nacional:

> Art. 78. Considera-se poder de polícia atividade da administração pública que, limitando ou disciplinando direito, interesse ou liberdade, regula a prática de ato ou abstenção de fato, em razão de interesse público concernente à segurança, à higiene, à ordem, aos costumes, à disciplina da produção e do mercado, ao exercício de atividades econômicas dependentes de concessão ou autorização do Poder Público, à tranquilidade pública ou ao respeito à propriedade e aos direitos individuais ou coletivos.

---

[122] Art. 5º, inciso V, da Lei nº 12.846/2013.
[123] Art. 174. Como agente normativo e regulador da atividade econômica, o Estado exercerá, na forma da lei, as funções de fiscalização, incentivo e planejamento, sendo este determinante para o setor público e indicativo para o setor privado [...].

Por vezes, o exercício desse poder-dever pela administração, sempre de acordo com os limites previstos na lei, envolve a necessidade de que agentes públicos verifiquem as instalações físicas de particulares, seus documentos etc. Ou seja, há necessidade de que os particulares cooperem e não prejudiquem o exercício dessa atividade. A norma busca exatamente coibir práticas em sentido contrário, como sonegação de documentos e vedação de acesso a instalações.

2.1.4.1 Agências reguladoras e sistema financeiro nacional

Além de prever a atividade de fiscalização administrativa de uma forma geral, a norma tratou de explicitar sua aplicabilidade às agências reguladoras e às autoridades fiscalizadoras do sistema financeiro nacional.

As agências reguladoras tratam da atuação do Poder Público como concedente de serviços públicos, nos termos do art. 175 da Constituição Federal.[124] São precisas a respeito as lições de Celso Antônio Bandeira de Mello:

> Poder de inspeção e fiscalização: por força dele, o concedente está qualificado para manter-se informado sobre todo o comportamento do concessionário relacionado com o desempenho do serviço [...] ao acompanhar, mesmo no interior da vida da empresa, inclusive através do exame de livros, registros e assentamentos desta, as providências tomadas e a lisura delas para implemento dos encargos da concessão.[125]

Já o Sistema Financeiro Nacional é assim mencionado na Constituição Federal:

> Art. 192. O sistema financeiro nacional, estruturado de forma a promover o desenvolvimento equilibrado do País e a servir aos interesses da coletividade, em todas as partes que o compõem, abrangendo as cooperativas de crédito, será regulado por leis complementares que disporão, inclusive, sobre a participação do capital estrangeiro nas instituições que o integram.

---

[124] Art. 175. Incumbe ao Poder Público, na forma da lei, diretamente ou sob regime de concessão ou permissão, sempre através de licitação, a prestação de serviços públicos [...].

[125] BANDEIRA DE MELLO, Celso Antônio. *Curso de direito administrativo*. 26. ed. rev. atual. até a Emenda Constitucional 57, de 18.12.2008. São Paulo: Malheiros, 2009. p. 723.

Sua composição pode ser assim descrita:

I - Órgãos normativos: Conselho Monetário Nacional, Conselho Nacional de Seguros Privados e Conselho Nacional de Previdência Complementar;

II - Entidades supervisoras: Banco Central do Brasil, Comissão de Valores Imobiliários, Superintendência de Seguros Privados e Superintendência Nacional de Previdência Complementar;

III - Operadores: bancos e caixas econômicas, cooperativas de crédito, seguradoras e resseguradoras, bolsa de valores, entidades fechadas de previdência complementar, entidades abertas de previdência, dentre outros.[126]

Dessa feita, a Lei Anticorrupção aplica-se aos operadores do sistema financeiro nacional, às concessionárias de serviços públicos e às pessoas jurídicas em geral que de alguma forma busquem prejudicar as atividades de investigação e fiscalização das entidades supervisoras.

Outrossim, consoante o Decreto nº 8.420/2015,[127] os órgãos e as entidades da administração pública, no exercício de suas competências regulatórias, deverão dispor sobre os efeitos da Lei Anticorrupção no âmbito das atividades reguladas, inclusive no caso de celebração de acordo de leniência.

2.2 Licitações e contratos

Para a administração pública exercer as suas diversas atribuições, é necessária a participação de particulares que, mediante um procedimento de contratação pública, fornecerão os bens ou prestarão os serviços indispensáveis à atuação da máquina administrativa.

Esse procedimento de contratação pública, segundo o art. 37, inciso XXI, da Constituição Federal,[128] deve ser precedido de licitação

---

[126] Segundo disponibilizado no sítio do BANCO CENTRAL DO BRASIL. Disponível em: https://www.bcb.gov.br/acessoinformacao/legado?url=https:%2F%2Fwww.bcb.gov.br%2Fpre%2Fcomposicao%2Fcomposicao.asp. Acesso em: 29 abr. 2019.

[127] Art. 50.

[128] Art. 37. [...] XXI - Ressalvados os casos especificados na legislação, as obras, serviços, compras e alienações serão contratados mediante processo de licitação pública que assegure igualdade de condições a todos os concorrentes, com cláusulas que estabeleçam obrigações de pagamento, mantidas as condições efetivas da proposta, nos termos da lei, o qual somente permitirá as exigências de qualificação técnica e econômica indispensáveis à garantia do cumprimento das obrigações.

pública que assegure *igualdade de condições a todos os concorrentes*. Somente em situações excepcionais, devidamente previstas na legislação, é permitida a realização de contratações públicas sem a ocorrência de procedimento licitatório prévio. Ou seja, a *licitação é a regra para a administração pública quando compra bens ou contrata obras e serviços*. Busca a Constituição Federal garantir que as contratações efetuadas pela administração pública ocorram de acordo com os princípios da moralidade, igualdade, impessoalidade e economicidade, dentre outros. Trata-se, pois, de instituto que dá concreção ao princípio republicano, inerente aos regimes democráticos.

Dada a importância do tema e considerando que é em seu bojo que ocorre a significativa prática de atos lesivos à administração pública, a Lei Anticorrupção descreveu ampla gama de atos ilícitos referentes ao assunto.

2.2.1 Fraude ao caráter competitivo do certame

Consiste em "frustrar ou fraudar, mediante ajuste, combinação ou qualquer outro expediente, o caráter competitivo de procedimento licitatório público".[129]

Trata-se de conduta bastante similar ao tipo penal estabelecido pelo art. 90 da Lei nº 8.666/1993.[130] Em regra, busca-se inibir que os potenciais concorrentes de uma licitação pública ajustem previamente os preços a serem ofertados ou aqueles que efetivamente participarão da disputa, de forma que a competição do certame seja apenas aparente.

Trata-se, sem dúvida, de condutas lesivas que comprometem o princípio da busca da proposta mais vantajosa pela administração pública.

2.2.2 Afastamento de licitante

Consiste em "afastar ou procurar afastar licitante, por meio de fraude ou oferecimento de vantagem de qualquer tipo".[131]

---

[129] Art. 5º, inciso IV, alínea 'a', da Lei nº 12.846/2013.
[130] Art. 90. Frustrar ou fraudar, mediante ajuste, combinação ou qualquer outro expediente, o caráter competitivo do procedimento licitatório, com o intuito de obter, para si ou para outrem, vantagem decorrente da adjudicação do objeto da licitação:
Pena - detenção, de 2 (dois) a 4 (quatro) anos, e multa.
[131] Art. 5º, inciso IV, alínea 'c', da Lei nº 12.846/2013.

Mais uma vez, trata-se de conduta similarmente tipificada como crime na Lei nº 8.666/1993.[132] O intuito da norma é preservar a competitividade da licitação e garantir a obtenção de propostas vantajosas para a administração pública.

Essa infração é em parte abrangida por aquela caracterizada por "frustrar o caráter competitivo do certame" de caráter mais geral. O caráter especial do presente tipo é que a restrição da competitividade deve ocorrer mediante o afastamento de outro proponente, enquanto na norma geral qualquer expediente utilizado para a fraude a caracteriza.

Assim, o enquadramento da conduta impugnada deve obedecer ao princípio da especialidade, assim exposto por Rogério Greco:

> Em determinados tipos penais incriminadores há elementos que os tornam especiais em relação a outros, fazendo com que, se houver uma comparação entre eles, a regra contida no tipo especial se amolde adequadamente ao caso concreto, afastando, desta forma, a aplicação da norma geral.[133]

O tipo inova em relação às demais condutas tipificadas pela Lei Anticorrupção ao prever que a mera tentativa configura o ilícito, pois basta o agente "procurar afastar" o licitante para praticar a conduta típica.

2.2.3 Obstáculo à realização de ato de procedimento licitatório

Consiste em "impedir, perturbar ou fraudar a realização de qualquer ato de procedimento licitatório público".[134]

Trata-se de conduta bastante similar ao tipo penal estabelecido pelo art. 93 da Lei nº 8.666/1993.[135] Busca-se preservar a realização do

---

[132] Art. 95. Afastar ou procurar afastar licitante, por meio de violência, grave ameaça, fraude ou oferecimento de vantagem de qualquer tipo:
Pena - detenção, de 2 (dois) a 4 (quatro) anos, e multa, além da pena correspondente à violência.
Parágrafo único. Incorre na mesma pena quem se abstém ou desiste de licitar, em razão da vantagem oferecida.

[133] GRECO, Rogério. *Curso de direito penal*: parte geral. 13. ed. Rio de Janeiro: Impetus, 2011. p. 28.

[134] Art. 5º, inciso IV, alínea 'b', da Lei nº 12.846/2013.

[135] Art. 93. Impedir, perturbar ou fraudar a realização de qualquer ato de procedimento licitatório:
Pena - detenção, de 6 (seis) meses a 2 (dois) anos, e multa.

certame e impedir a prática de qualquer ato que possa afetar o seu desenvolvimento regular.

2.2.4 Fraude em licitação ou contrato

Consiste em "fraudar licitação pública ou contrato dela decorrente".[136]

Trata-se de figura típica bastante genérica que será aplicável somente quando a conduta impugnada não puder ser enquadrada nas demais previstas na Lei Anticorrupção.

Diferentemente dos demais tipos vistos até aqui, a norma também busca prevenir a realização de fraudes em contratos e não somente em licitações.

Entretanto, o tipo somente se refere a contratos decorrentes de licitação, não se aplicando às contratações diretas.[137] Essas contratações, exatamente por não serem precedidas de licitações, estão mais propícias a albergarem a prática de atos lesivos à administração pública, o que demonstra que o legislador não foi totalmente feliz ao descrever a presente conduta ilícita.

2.2.5 Fraude na criação de pessoa jurídica

Consiste em "criar, de modo fraudulento ou irregular, pessoa jurídica para participar de licitação pública ou celebrar contrato administrativo".[138]

Pode ocorrer que determinada empresa esteja impedida de contratar com a administração pública em razão de alguma penalidade a ela imposta.[139] Há, ainda, algumas espécies de licitações que estão restritas a empresas de micro e pequeno porte ou as privilegia de alguma forma.[140]

---

[136] Art. 5º, inciso IV, alínea 'd', da Lei nº 12.846/2013.
[137] A contratação direta pode, por exemplo, ocorrer nas seguintes hipóteses, expressamente previstas na Lei nº 8.666/1993: licitação dispensada (art. 17); licitação dispensável (art. 24); licitação inexigível (art. 25).
[138] Art. 5º, inciso IV, alínea 'e', da Lei nº 12.846/2013.
[139] Por exemplo, veja-se o seguinte dispositivo da Lei nº 8.666/1993:
"Art. 87. Pela inexecução total ou parcial do contrato a Administração poderá, garantida a prévia defesa, aplicar ao contratado as seguintes sanções:
[...]
III - suspensão temporária de participação em licitação e impedimento de contratar com a Administração, por prazo não superior a 2 (dois) anos;
IV - declaração de inidoneidade para licitar ou contratar com a Administração Pública enquanto perdurarem os motivos determinantes da punição [...]".
[140] Lei Complementar nº 123/2006, que institui o Estatuto Nacional da Microempresa e da Empresa de Pequeno Porte.

Em sendo assim, a norma busca inibir que empresas burlem essas restrições por meio da criação de outra pessoa jurídica. Protege-se, pois, a efetividade das sanções aplicadas e os princípios que regem as micro e pequenas empresas.

Trata-se de conduta específica dos ilícitos mais gerais de fraude à licitação e de utilização de interposta pessoa para ocultar seus reais interesses.

Cabe observar que, sem a tipificação da presente conduta ilícita, a caracterização do ato lesivo possivelmente deveria ser precedida de desconsideração da personalidade jurídica, de modo a caracterizar o abuso da personalidade da empresa criada e permitir a conclusão de que foi praticada a conduta de fraude à licitação ou de utilização indevida de interposta pessoa.

2.2.6 Obtenção de vantagem indevida em contrato

Consiste em:

> Obter vantagem ou benefício indevido, de modo fraudulento, de modificações ou prorrogações de contratos celebrados com a administração pública, sem autorização em lei, no ato convocatório da licitação pública ou nos respectivos instrumentos contratuais.[141]

A norma trata de duas hipóteses de condutas lesivas: modificações (em sentido estrito) e prorrogações de contratos celebrados com a administração pública.

Segundo Celso Antônio Bandeira de Mello, o *contrato administrativo* é:

> [...] um tipo de avença travada entre a Administração e terceiro na qual, por força de lei, de cláusulas pactuadas ou do tipo de objeto, a permanência do vínculo e as condições preestabelecidas sujeitam-se a cambiáveis imposições de interesse público, ressalvados os interesses patrimoniais do contratante privado.[142]

A Constituição Federal, em seu art. 37, inciso XXI, consagra a disciplina básica da manutenção do equilíbrio econômico-financeiro

---

[141] Art. 5º, inciso IV, alínea 'f', da Lei nº 12.846/2013.
[142] BANDEIRA DE MELLO, Celso Antônio. *Curso de direito administrativo*. 26. ed. rev. atual. até a Emenda Constitucional 57, de 18.12.2008. São Paulo: Malheiros, 2009. p. 614-615.

dos contratos administrativos ao estabelecer que devem ser "mantidas as condições efetivas da proposta, nos termos da lei".

Considera-se, pois, indevida, a obtenção de qualquer vantagem pelo contratado não prevista nas condições iniciais da contratação. Essas condições iniciais decorrem primariamente da lei e subsidiariamente do edital da licitação e do próprio instrumento de contratação.

Veja-se, entretanto, que não é qualquer modificação contratual considerada indevida que se enquadra na conduta descrita na Lei Anticorrupção. Isso porque a norma exige a existência de fraude, ou seja, de algum comportamento ardiloso com o intuito de enganar ou ludibriar a administração pública.

Uma mera petição de recomposição de preços, não amparada nas normas pertinentes, por exemplo, pode ser indevidamente objeto de aditivo contratual. Nesse caso, embora a empresa seja obrigada a ressarcir o erário pelo recebimento indevido, o mero exercício de petição por parte da contratada não constitui fraude a justificar o enquadramento da conduta na Lei Anticorrupção.

Um exemplo clássico de modificação contratual indevida, que pode constituir fraude, consiste no denominado "jogo de planilha":

> O denominado "jogo de planilha" consiste em artifício eventualmente utilizado pelas empresas executoras de obras ou serviços de engenharia para alterar ilicitamente em seu favor a equação econômico-financeira fixada inicialmente na contratação.
>
> O artifício se dá pela atribuição de preços elevados para os serviços cujos quantitativos serão executados a maior do que aqueles constantes da proposta e do orçamento da administração. Desta feita, quando da realização de aditivos para "corrigir" os quantitativos inicialmente pactuados, a contratada teria ganhos indevidos.[143]

Em relação às prorrogações contratuais,[144] aplica-se o mesmo raciocínio, sempre considerando que a vigência inicial da avença e suas possibilidades de prorrogação estão disciplinadas em lei e devem estar

---

[143] ZYMLER, Benjamin; DIOS, Laureano. *Regime diferenciado de contratação*. 3. ed. Belo Horizonte: Fórum, 2014. p. 225-226.

[144] Como regra geral, aplica-se o disposto no *caput* do art. 57 da Lei nº 8.666/1993, de forma que a duração dos contratos deve estar restrita à vigência dos respectivos créditos orçamentários. Ou seja, de acordo com o princípio da anualidade orçamentária, os contratos administrativos, em princípio, devem ter a vigência limitada até o final do exercício financeiro, o que resulta na vigência máxima de um ano, portanto.

previstas no instrumento convocatório e no termo de contrato. Ou seja, são indevidas as prorrogações que escapem dessas hipóteses.

2.2.7 Manipulação ou fraude do equilíbrio econômico-financeiro dos contratos

Consiste em "manipular ou fraudar o equilíbrio econômico-financeiro dos contratos celebrados com a administração pública".[145]

Trata-se de conduta bastante similar àquela consistente na obtenção de vantagem indevida em contrato. A diferença é que aqui não se exige que a materialização da conduta ocorra mediante indevida modificação ou prorrogação de contrato.

Em sendo assim, de acordo com o princípio da especialidade, entende-se que, quando a manipulação ou a fraude ocorrer mediante aditivo contratual, a conduta deve ser enquadrada no tipo específico pertinente. Já quando não envolver essas alterações contratuais, a conduta deve ser enquadrada no tipo administrativo ora em análise.

Em sendo assim, tratar-se-á, em regra, de ilícitos praticados quando da liquidação da despesa,[146] em que a contratada cobra por serviços não executados ou executados em desacordo com o previsto no edital. Há semelhanças com o tipo penal previsto no art. 96 da Lei nº 8.666/1993, no qual são previstas algumas condutas que caracterizam fraude ou licitação em contrato:

> Art. 96. Fraudar, em prejuízo da Fazenda Pública, licitação instaurada para aquisição ou venda de bens ou mercadorias, ou contrato dela decorrente:
> [...]
> II - vendendo, como verdadeira ou perfeita, mercadoria falsificada ou deteriorada;
> III - entregando uma mercadoria por outra;
> IV - alterando substância, qualidade ou quantidade da mercadoria fornecida;

---

[145] Art. 5º, inciso IV, alínea 'g', da Lei nº 12.846/2013.
[146] Lei nº 4.320/1964 – que estatui normas gerais de Direito Financeiro:
Art. 63. A liquidação da despesa consiste na verificação do direito adquirido pelo credor tendo por base os títulos e documentos comprobatórios do respectivo crédito.
§1º Essa verificação tem por fim apurar:
I - a origem e o objeto do que se deve pagar;
II - a importância exata a pagar;
III - a quem se deve pagar a importância, para extinguir a obrigação.

V - tornando, por qualquer modo, injustamente, mais onerosa a proposta ou a execução do contrato.

Veja-se que o tipo previsto na Lei Anticorrupção é aberto o suficiente para abranger essas condutas previstas na Lei nº 8.666/1993 e outras que porventura caracterizem fraude em licitações ou contratos.

Mais uma vez, ter-se-á que configurar um comportamento malicioso por parte da contratada, tendente a induzir a administração pública a erro. Não se configurará o ilícito previsto na Lei Anticorrupção caso a contratada, por exemplo, execute serviço diverso das especificações previstas no edital em razão de interpretação errônea de seus termos.

2.3 Reflexos sobre outros processos de responsabilização

As condutas tipificadas na Lei Anticorrupção estão discriminadas em diversos outros diplomas legais, seja de responsabilização civil seja de responsabilização penal.

2.3.1 Responsabilização penal

Cabe ressaltar a independência entre as instâncias penal e administrativa. Veja-se a respeito o contido no seguinte excerto da ementa de decisão do Supremo Tribunal Federal:

> [...] *as sanções penais e administrativas, qualificando-se como respostas autônomas do Estado* à prática de atos ilícitos cometidos pelos servidores públicos, *não se condicionam reciprocamente*, tornando-se possível, em consequência, a imposição da punição disciplinar independentemente de prévia decisão da instância penal (grifou-se).[147]

Constam também dessa ementa as exceções em que a esfera penal interfere na administrativa: o reconhecimento judicial da *negativa de autoria* ou da *inocorrência material do próprio fato* ou, ainda, da configuração das causas de justificação penal.

Nesse sentido, dispõe o art. 935 do Código Civil:

> Art. 935. A responsabilidade civil é independente da criminal, não se podendo questionar mais sobre a existência do fato, ou sobre quem seja o seu autor, quando estas questões se acharem decididas no juízo criminal.

---

[147] MS nº 21.029, Pleno. Relator Ministro Celso de Mello. Julgado em 15.06.1994.

De acordo com essa independência entre as instâncias, as sanções penais e administrativas podem ser aplicadas independentemente e estão sujeitas a diferentes formas de valoração. Ou seja, mesmo que determinado ilícito administrativo não constitua ilícito penal, ele pode caracterizar ilícito administrativo.

Veja-se a respeito o entendimento do Superior Tribunal de Justiça:

> Como se sabe, a proteção penal é destinada apenas aos bens jurídicos mais relevantes, diferentemente do que ocorre com a proteção administrativa. Dessa forma, pode ocorrer que a importância do bem jurídico não justifique a incidência das normas penais, mas atraia a aplicação de normas de responsabilização administrativa. É essa a lógica por trás da regra de independência de instâncias.[148]

2.3.2 Responsabilização administrativa

São diversos os diplomas legais que também versam administrativamente sobre as condutas preconizadas na Lei Anticorrupção.

Aqui, diferentemente da concorrência de condutas com as normas penais, poder-se-ia cogitar da ocorrência de *bis in idem* pelo fato de um mesmo agente poder ser responsabilizado administrativamente mais de uma vez pela prática de determinada conduta.

A Lei Anticorrupção buscou dar solução para a questão ao assim disciplinar a matéria:

> Art. 29. O disposto nesta Lei não exclui as competências do Conselho Administrativo de Defesa Econômica, do Ministério da Justiça e do Ministério da Fazenda para processar e julgar fato que constitua infração à ordem econômica.
>
> Art. 30. A aplicação das sanções previstas nesta Lei não afeta os processos de responsabilização e aplicação de penalidades decorrentes de:
>
> I - ato de improbidade administrativa nos termos da Lei nº 8.429, de 2 de junho de 1992; e
>
> II - atos ilícitos alcançados pela Lei nº 8.666, de 21 de junho de 1993, ou outras normas de licitações e contratos da administração pública, inclusive no tocante ao Regime Diferenciado de Contratações Públicas – RDC instituído pela Lei nº 12.462, de 4 de agosto de 2011.

---

[148] REsp nº 678.240/RS, 2ª Turma. Relator Ministro Mauro Campbell Marques, julgado em 21.10.2008.

Ou seja, segundo a norma, não há óbices jurídicos para que a pessoa jurídica responda a determinados procedimentos de responsabilização administrativa e sofra sanção em cada um deles pela prática do mesmo ato ilícito. Ou então, é possível que em um procedimento decida-se pela aplicação de sanção e em outro não.

Esse entendimento de possibilidade de dupla apenação, por certo, deverá ser avaliado em relação ao cumprimento do princípio da razoabilidade. Inclusive, cabe questionar se a aplicação de diversas sanções em razão do mesmo fato é compatível com o princípio constitucional da individualização da pena.

Melhor seria que a Lei Anticorrupção estabelecesse critérios para que esses diversos procedimentos de responsabilização não redundassem em sobreposição de penas ou que a dosimetria do conjunto das penas guardasse compatibilidade com a reprovabilidade da conduta verificada. Assim, por exemplo, a condenação em uma instância administrativa poderia ser considerada fator de redução da pena a ser aplicada em outra instância, em especial, quando se tratar de penas de mesma natureza (*v.g.* sanções pecuniárias).

A norma anticorrupção é, entretanto, silente acerca do procedimento a ser adotado em relação a outras normas legais de responsabilização administrativa que versem sobre as condutas de que trata a Lei Anticorrupção. Nessa situação, em razão da falta de disciplinamento legal, a possibilidade de sobreposição de penas deve ser avaliada em cada caso.

2.3.2.1 Tribunal de Contas da União

Uma situação que merece especial atenção é a possibilidade da aplicação, pelo Tribunal de Contas da União – TCU, da sanção de declaração de inidoneidade para participar de licitação na administração pública federal daquele que fraudar licitação.

A respeito, transcreve-se trecho do relatório efetuado pelo Grupo de Estudos constituído pela Presidência do TCU[149] para avaliar as possíveis sobreposições e conflitos entre as atribuições conferidas pela Lei Anticorrupção a órgãos da administração pública e as competências legais e constitucionais do órgão de controle externo:

---

[149] Portaria-TCU nº 55, de 21 de fevereiro de 2014.

A responsabilização de pessoas jurídicas de direito privado por parte do Tribunal de Contas da União encontra amparo constitucional e legal, conforme dispositivos abaixo transcritos:

Constituição Federal
Art. 71. O controle externo, a cargo do Congresso Nacional, será exercido com o auxílio do Tribunal de Contas da União, ao qual compete:
[...]
VIII - aplicar aos responsáveis, em caso de ilegalidade de despesa ou irregularidade de contas, as sanções previstas em lei, que estabelecerá, entre outras cominações, multa proporcional ao dano causado ao erário;

Lei nº 8.443/1992
Art. 1º Ao Tribunal de Contas da União, órgão de controle externo, compete, nos termos da Constituição Federal e na forma estabelecida nesta Lei:
[...]
Art. 46. Verificada a ocorrência de fraude comprovada à licitação, o Tribunal declarará a inidoneidade do licitante fraudador para participar, por até cinco anos, de licitação na Administração Pública Federal.

Por fim, nos termos do art. 46 da Lei nº 8.443/1992, este Tribunal de Contas tem competência para declarar a inidoneidade de empresa privada para participar de licitação na Administração Pública Federal, por até cinco anos, caso constatada a sua participação em fraude à licitação.

[...]

No que tange às condutas tipificadas como fraude à licitação, de que não resultem prejuízo ao erário público, *não há que se cogitar em conflito de competências, eis que as sanções previstas na Lei Anticorrupção são distintas da sanção de declaração de inidoneidade prevista na Lei Orgânica do TCU.* (grifou-se).

Ou seja, foi manifestado o entendimento de que lei ordinária – na espécie, a Lei Anticorrupção – não poderia afastar do Tribunal de Contas da União as competências que lhe são atribuídas pela Constituição Federal. Ou seja, independentemente de determinada conduta ter sido objeto de apreciação no bojo da norma anticorrupção, bem como do resultado dessa apreciação, o TCU pode deliberar sobre essa conduta e adotar o entendimento considerado adequado.

Por certo, se a empresa já sofreu sanção com fulcro na Lei Anticorrupção, não há óbices para que o TCU considere esse fato quando da dosimetria da pena por ele aplicada.

CAPÍTULO 3

PENALIDADES APLICÁVEIS

As penas passíveis de serem aplicadas às pessoas jurídicas foram divididas em dois grupos pela norma anticorrupção: sanções aplicáveis mediante procedimento administrativo e mediante procedimento judicial.

3.1 Procedimento administrativo

Mediante o procedimento administrativo podem ser aplicadas duas espécies de sanções: multa e publicação extraordinária da decisão administrativa sancionadora.[150]

Essas sanções, segundo a norma, podem ser aplicadas isolada ou cumulativamente. Ou seja, permite-se que a autoridade julgadora, de acordo com as peculiaridades do caso concreto e com a gravidade e a natureza das infrações, possa aplicar somente uma das sanções ou ambas.

Vislumbra-se, entretanto, certa dificuldade na aplicação dessa disposição quando se trata da aplicação da pena isolada de publicação extraordinária. Isso porque a aplicação dessa pena pressupõe a existência prévia de uma decisão administrativa sancionadora. Assim, na prática, a autoridade julgadora pode aplicar a pena de multa isoladamente ou aplicá-la em conjunto com a publicação extraordinária.

---

[150] Art. 6º da Lei nº 12.846/2013 e art. 15 do Decreto nº 8.420/2015.

3.1.1 Dosimetria das penas

De forma positiva, a norma faz a correlação direta entre a gravidade das condutas verificadas e a dosimetria da pena a ser aplicada. Essa possibilidade, aliás, deve ser considerada um poder-dever do administrador, pois, consoante o princípio constitucional da individualização da pena,[151] deve haver a adequação entre a gravidade da conduta e o *quantum* da pena a ser imposta.

Reforça esse entendimento o disposto no art. 2º da Lei nº 9.784/1999, no qual é prevista a obediência pela administração pública do princípio da proporcionalidade. Nessa linha, bem delineando o princípio, é estabelecida a necessidade de observância da "adequação entre meios e fins, vedada a imposição de obrigações, restrições e sanções em medida superior àquelas estritamente necessárias ao atendimento do interesse público".[152]

Ou seja, mesmo que o administrado incorra em alguma das condutas merecedoras de punição, somente a análise de cada caso concreto indicará a necessidade de aplicação de cada sanção e a sua dosimetria.

Observando os parâmetros estabelecidos para serem considerados quando da aplicação das sanções, pode-se concluir que eles foram divididos em três grupos pela Lei Anticorrupção. O primeiro, referente à reprovabilidade da conduta propriamente dita. O segundo, referente à situação econômica da empresa. O terceiro, referente ao comprometimento da empresa com a apuração do ilícito e com as boas práticas de gestão.[153]

---

[151] Constituição Federal: "Art. 5º [...] XLVI - A lei regulará a individualização da pena [...]".
[152] Inciso VI do art. 2º da Lei nº 9.784/1999.
[153] Art. 7º Serão levados em consideração na aplicação das sanções:
I - a gravidade da infração;
II - a vantagem auferida ou pretendida pelo infrator;
III - a consumação ou não da infração;
IV - o grau de lesão ou perigo de lesão;
V - o efeito negativo produzido pela infração;
VI - a situação econômica do infrator;
VII - a cooperação da pessoa jurídica para a apuração das infrações;
VIII - a existência de mecanismos e procedimentos internos de integridade, auditoria e incentivo à denúncia de irregularidades e a aplicação efetiva de códigos de ética e de conduta no âmbito da pessoa jurídica;
IX - o valor dos contratos mantidos pela pessoa jurídica com o órgão ou entidade pública lesados.

3.1.1.1 Reprovabilidade da conduta
3.1.1.1.1 Gravidade da infração

O primeiro fator a ser considerado quando da dosimetria das penas é a gravidade da infração. Trata-se, na verdade, de conceito bastante amplo a indicar a necessidade de ser verificada a reprovabilidade da conduta impugnada de uma forma geral.

A generalidade desse dispositivo fica evidenciada quando se verifica que diversos dos demais itens a serem considerados pela Lei Anticorrupção se enquadram no conceito de "gravidade da infração".

O Decreto nº 8.420/2015,[154] ao estipular o procedimento do cálculo do valor da multa, considerou as seguintes circunstâncias como indicativas da gravidade da infração: continuidade dos atos lesivos no tempo; tolerância ou ciência de pessoas do corpo diretivo ou gerencial da pessoa jurídica e reincidência.[155]

Essas circunstâncias refletem uma cultura empresarial voltada para a prática de atos ilícitos e indicam que o enquadramento na Lei Anticorrupção não decorreu da verificação de uma infração isolada.

Essas disposições do decreto não podem restringir o caráter de generalidade imposto pela lei na definição da gravidade da infração. Assim, há de se entender que possuem caráter apenas exemplificativo e não impedem que o aplicador da sanção considere outros elementos aptos a configurar a gravidade da infração cometida.

3.1.1.1.2 Vantagem auferida ou pretendida pelo infrator

A pena deve ser proporcional à vantagem vislumbrada pelo infrator de forma a desestimulá-lo da prática do ato ilícito. Nessa linha, o legislador considerou que, quanto maior a vantagem vislumbrada pela prática da infração, mais rigorosa deve ser a sanção.

Veja-se que não há a exigência de que a vantagem tenha sido auferida, pois a Lei Anticorrupção contentou-se com a mera intenção da vantagem para ser considerada na quantificação da pena.

O Decreto nº 8.420/2015 definiu o valor da vantagem preferida ou auferida nos seguintes termos:

---

[154] Art. 17, incisos I, II e V.
[155] Ocorrência de nova infração, idêntica ou não à anterior, tipificada como ato lesivo pelo art. 5º da Lei nº 12.846, de 2013, em menos de cinco anos, contados da publicação do julgamento da infração anterior.

Equivale aos ganhos obtidos ou pretendidos pela pessoa jurídica que não ocorreriam sem a prática do ato lesivo, somado, quando for o caso, ao valor correspondente a qualquer vantagem indevida prometida ou dada a agente público ou a terceiros a ele relacionados.

Devem ser deduzidos os custos e as despesas legítimos comprovadamente executados ou que seriam devidos ou despendidos caso o ato lesivo não tivesse ocorrido.[156]

3.1.1.1.3 Grau de lesão ou perigo de lesão

A função da pena é a de proteger determinados bens jurídicos ao desestimular a prática de condutas que os afetem negativamente. Quanto maior a importância desses bens jurídicos, maior deve ser a intensidade da pena.

Nessa linha, o grau de lesão ou perigo de lesão é colocado como fator a ser considerado quando da fixação das penas. Mais uma vez, para tanto, a norma não exige a existência de lesão em si, pois se contenta com o perigo que o bem jurídico sofreu caso a lesão não tenha sido concretizada.

Cabe destacar que o conceito de lesão utilizado pela Lei Anticorrupção é amplo, nos termos do seu art. 5º, não havendo razões para que se interprete esse conceito restritivamente, de forma a somente se referir a bens patrimoniais. Assim, pode acontecer que a lesão se refira aos princípios que regem a administração pública sem que esta tenha sofrido qualquer prejuízo patrimonial.

De qualquer forma, entre as circunstâncias a serem sopesadas na avaliação do grau de culpabilidade de determinada conduta, insere-se a existência ou não de prejuízos para a administração pública. Não se olvida que a existência de prejuízo não é pré-requisito para a aplicação das sanções, mesmo as mais graves. Isso porque podem ocorrer condutas reprováveis o suficiente para demandarem rigorosas punições, mas que não propiciam prejuízos à administração (v.g., a falsificação de documentos referentes à habilitação dos licitantes).

Entretanto, é inegável que a existência de prejuízos consiste em fator a ser considerado quando da apreciação da conduta impugnada e, se for o caso, da dosimetria da pena. Essa é a interpretação *a contrario sensu* que se extrai do seguinte acórdão do STJ:

---

[156] Art. 20, §§2º e 3º.

Aplicação do princípio da razoabilidade. *Inexistência de demonstração de prejuízo para a administração pelo atraso na entrega do objeto contratado.* 3. Aceitação implícita da administração pública ao receber parte da mercadoria com atraso, sem lançar nenhum protesto. [...] 6. Recurso especial não provido, confirmando-se o acórdão que afastou a pena de suspensão temporária de participação em licitação e impedimentos de contratar com o Ministério da Marinha, pelo prazo de 6 (seis) meses (grifou-se).[157]

O Decreto nº 8.420/2015 coloca, ainda, a comprovação de ressarcimento pela pessoa jurídica dos danos a que tenha dado causa como fator a ser considerado para atenuação da pena de multa a ser aplicada.

3.1.1.1.4 Consumação ou não da infração

Outro fator de reprovabilidade da conduta impugnada refere-se à consumação ou não da infração. Nos termos do Decreto nº 8.420/2015,[158] a não consumação da infração é um fator a ser considerado como atenuante da reprovabilidade da conduta impugnada, justificando, pois, a redução do valor da pena de multa a ser aplicada.

Cabe ressaltar que não há a previsão de enquadramento de condutas nos tipos previstos na Lei Anticorrupção em razão da mera tentativa. Ou seja, em razão da falta de previsão legal,[159] a empresa não pode ser apenada em razão de ter iniciado a execução do fato típico se este não foi concluído por circunstâncias alheias à sua vontade.

Desta feita, quando a norma refere-se a não consumação da infração, deve-se entender que houve a realização do fato típico, mas não aconteceram as consequências esperadas pelo infrator.

Pode ocorrer, por exemplo, que a prática de fraude à licitação não redunde na contratação da empresa infratora, como por ela esperado, em razão de fatos supervenientes como a revogação do certame. Nesse caso, a fraude ocorreu, mas seu resultado não.

---

[157] REsp nº 914.087/RJ, 1ª Turma. Relator Ministro José Delgado. Julgamento em 04.10.2007.
[158] Art. 18, inciso I.
[159] Tal qual previsto no art. 14, inciso II, do Código Penal.

3.1.1.1.5 Efeito negativo produzido pela infração

Além das consequências já mencionadas da ocorrência da infração, a norma prevê como circunstância agravante das penas, eventuais efeitos negativos produzidos pela infração.

Nesse sentido, o Decreto nº 8.420/2015, de forma exemplificativa, como já exposto anteriormente, considera como causa de aumento da pena de multa aplicada, a interrupção do fornecimento de serviço público ou da execução de obra contratada.[160]

3.1.1.2 Capacidade econômica da empresa

A pena deve ser de tal monta que a possibilidade de sua aplicação desestimule o potencial infrator da consecução do ilícito. Em sendo assim, as sanções pecuniárias não podem ser de valor que seja considerado irrisório por parte das empresas. Devem, sim, significar sacrifício financeiro de alguma relevância, sob pena de se comprometer a função dissuasória da pena.

Nessa linha, além de prever que a base de cálculo da pena de multa é o faturamento bruto da empresa, a norma legal estabelece que devem ser considerados quando da aplicação da sanção a situação econômica do infrator e o valor dos contratos mantidos pela pessoa jurídica com o órgão ou entidade pública lesados.

3.1.1.2.1 Situação econômica do infrator

Para caracterizar boa situação econômica da empresa, o Decreto nº 8.420/2015 estabelece que três critérios contábeis devem ser atendidos simultaneamente.[161]

O primeiro trata do índice de Solvência Geral – SG, definido por meio da razão entre o Ativo Total e a soma do Passivo Circulante e o Exigível a Longo Prazo. A norma exige que esse índice seja maior do que um. Ou seja, o valor dos ativos da empresa deve ser superior ao de suas obrigações com terceiros.

Liquidez Geral = (Ativo Total) / (Passivo Circulante + Exigível a Longo Prazo).

---

[160] Art. 17, inciso III.
[161] Art. 17, inciso IV.

O segundo trata do índice de Liquidez Geral – LG, definido por meio da razão entre o Ativo Circulante adicionado do Realizável a Longo Prazo e a soma do Passivo Circulante e o Exigível a Longo Prazo. A norma igualmente exige que esse índice seja maior do que um, o que significa que a longo prazo a empresa tem capacidade de cumprir suas obrigações.

Liquidez Geral = (Ativo Circulante + Realizável a Longo Prazo) / (Passivo Circulante + Exigível a Longo Prazo).

O terceiro critério trata da existência de lucro líquido no último exercício anterior ao da ocorrência do ato lesivo.

3.1.1.2.2 Valor dos contratos mantidos pela pessoa jurídica

O valor dos contratos celebrados com o órgão ou entidade[162] da administração pública lesados não somente diz respeito à capacidade econômica da empresa, mas também indica a intensidade de relações jurídicas entre a administração pública e o contratado.

Ao colocar essas relações jurídicas mais intensas como fator de definição da dosimetria das penas a serem aplicadas, o legislador as entendeu como agravante da conduta da pessoa jurídica infratora, quer porque era esperado um maior grau de honestidade de um parceiro mais comum da administração pública, quer porque a conduta ilícita verificada torna-se potencializada pela existência de expressivos valores contratados.

O Decreto nº 8.420/2015[163] assim estipulou os efeitos desse tópico sobre a dosimetria da pena de multa:

> Serão considerados, na data da prática do ato lesivo, os seguintes percentuais de acréscimo:
> I - um por cento em contratos acima de R$1.500.000,00;
> II - dois por cento em contratos acima de R$10.000.000,00;
> III - três por cento em contratos acima de R$50.000.000,00;

---

[162] Consoante o art. 1º da Lei nº 9.784/1999 – que regula o processo administrativo no âmbito da Administração Pública Federal:
§2º Para os fins desta Lei, consideram-se:
I - órgão - a unidade de atuação integrante da estrutura da Administração direta e da estrutura da Administração indireta;
II - entidade - a unidade de atuação dotada de personalidade jurídica;

[163] Art. 7º, inciso VI.

IV - quatro por cento em contratos acima de R$250.000.000,00;
V - cinco por cento em contratos acima de R$1.000.000.000,00.

3.1.1.3 Comprometimento da empresa

A cooperação da pessoa jurídica para a apuração das infrações deve ser estimulada não só porque diminuirá os custos de apuração do ilícito, mas também porque dará mais certeza a seu resultado.

Nesses termos, é positiva a intenção do legislador em atenuar as penas daqueles que colaborem com as investigações. Essa atenuante, cabe destacar, não se confunde com o acordo de leniência, o qual será objeto de análise em tópico específico desta obra.

O Decreto nº 8.420/2015[164] dispõe que a colaboração da empresa será assim verificada:

> I - investigação ou a apuração do ato lesivo, independentemente do acordo de leniência;
>
> II - existência de comunicação espontânea pela pessoa jurídica antes da instauração do procedimento de apuração de responsabilidade acerca da ocorrência do ato lesivo.

3.1.1.3.1 Boas práticas de gestão

Outro fator a ser considerado como atenuante da reprovabilidade da conduta é a existência de mecanismos e procedimentos internos de integridade, auditoria e incentivo à denúncia de irregularidades e a aplicação efetiva de códigos de ética e de conduta no âmbito da pessoa jurídica.[165]

Ou seja, busca-se estimular a existência de boas práticas de gestão e reconhecer a menor gravidade da conduta da empresa que adota mecanismos para coibir a prática de atos ilícitos. Trata-se, aqui, de procedimento antagônico àquele caracterizado pela tolerância ou ciência das irregularidades pelo corpo diretivo ou gerencial da pessoa jurídica, o qual é considerado como agravante de conduta.

---

[164] Art. 18, incisos III e IV.
[165] Art. 18, inciso V, do Decreto nº 8.420/2015.

3.1.2 Pena de multa

A pena de multa deverá ser no valor de 0,1% a 20% do faturamento bruto, excluídos os tributos, do último exercício anterior ao da instauração do processo administrativo.

3.1.2.1 Faturamento bruto

Veja-se que, ao se adotar o faturamento bruto da empresa como base de cálculo da pena de multa, a penalidade pode assumir valores bastante expressivos, demonstrando a relevância que o legislador concedeu ao caráter dissuasório da pena.

Para a apuração do faturamento bruto do último exercício anterior ao da instauração do processo administrativo, o Decreto nº 8.420/2015[166] prevê as seguintes possibilidades:

> I - compartilhamento de informações tributárias, na forma do Código Tributário Nacional;[167]
>
> II - registros contábeis produzidos ou publicados pela pessoa jurídica acusada, no país ou no estrangeiro.

Caso não seja possível utilizar o critério do valor do faturamento bruto da pessoa jurídica do último exercício anterior ao da instauração do processo administrativo, a multa será de R$6.000,00 a R$60.000.000,00.[168] Nesse caso, devem ser utilizados os seguintes parâmetros para a estimativa da base de cálculo do valor da pena de multa:

> I - valor do faturamento bruto da pessoa jurídica, excluídos os tributos, no ano em que ocorreu o ato lesivo, no caso de a pessoa jurídica não ter tido faturamento no ano anterior ao da instauração ao do procedimento de responsabilização;
>
> II - montante total de recursos recebidos pela pessoa jurídica sem fins lucrativos no ano em que ocorreu o ato lesivo; ou

---

[166] Em obediência ao art. 21 do Decreto nº 8.420/2015, foi editada a Instrução Normativa nº 1/2015, da Controladoria-Geral da União, que estabelece a metodologia para a apuração do faturamento bruto e dos tributos a serem excluídos quando da aplicação da pena de multa de que fala a Lei nº 12.846/2013.

[167] Art. 198, §1º, inciso II: solicitações de autoridade administrativa no interesse da Administração Pública, desde que seja comprovada a instauração regular de processo administrativo, no órgão ou na entidade respectiva, com o objetivo de investigar o sujeito passivo a que se refere a informação, por prática de infração administrativa.

[168] §4º do art. 6º da Lei nº 12.846/2013.

III - faturamento anual estimável da pessoa jurídica, levando em consideração quaisquer informações sobre a sua situação econômica ou o estado de seus negócios, tais como patrimônio, capital social, número de empregados, contratos, dentre outras.[169]

3.1.2.2 Limites

O limite máximo do valor da pena de multa é 20% sobre o faturamento bruto apurado do último exercício anterior ao da instauração do processo administrativo ou R$60.000.000,00 na hipótese de não ser apurável o referido valor do faturamento bruto.

O Decreto nº 8.420/2015, inovando em relação à norma legal, estabelece que o valor da multa também não deve exceder três vezes o valor da vantagem pretendida ou auferida.[170]

O limite mínimo é 0,1% do faturamento bruto do exercício anterior ao da instauração do processo administrativo ou R$6.000,00, caso o valor desse faturamento não seja apurável.

Além disso, a norma legal estabelece que o valor da pena de multa "nunca será inferior ao da vantagem auferida, quando for possível sua estimação".[171] Aqui, cabe destacar, diversamente da fixação do limite máximo por meio do decreto regulamentador, trata-se somente da vantagem auferida e não da pretendida.

Outrossim, cabe observar que esse limite mínimo pode esbarrar no limite máximo, caso a vantagem auferida seja superior a este limite. Nesse caso, veja-se que a norma excepcionou o limite máximo antes fixado, de forma a permitir a sua extrapolação para que acompanhe o valor da vantagem ilícita auferida pelo infrator.

3.1.2.3 Fixação do valor

Para fixação do valor da pena de multa a ser aplicada, devem ser observados os limites antes expostos e os critérios de dosimetria da pena já mencionados e explicitados nos artigos 17 e 18 da Lei nº 12.846/2013.

---

[169] Art. 22 do Decreto nº 8.420/2015.
[170] Art. 20, §1º, inciso II, alínea 'a'.
[171] Art. 6º, inciso I.

3.1.2.4 Cobrança da multa aplicada

A multa aplicada ao final do procedimento deverá ser integralmente recolhida pela pessoa jurídica sancionada no prazo de trinta dias, contados do fim do prazo para a interposição do pedido de reconsideração ou da decisão que apreciar o referido pedido.[172]

Feito o recolhimento, a pessoa jurídica sancionada apresentará ao órgão ou entidade que aplicou a sanção documento que ateste o pagamento integral do valor da multa imposta.

Decorrido o prazo mencionado sem que a multa tenha sido recolhida ou não tendo ocorrido a comprovação de seu pagamento integral, o órgão ou entidade que a aplicou encaminhará o débito para inscrição em Dívida Ativa da União ou das autarquias e fundações públicas federais.[173]

Caso a entidade que aplicou a multa não possua Dívida Ativa, o valor será cobrado independentemente de prévia inscrição.

A norma estabelece que o valor da multa será destinado apenas e preferencialmente aos órgãos ou entidades públicas lesadas.[174] De se ver, contudo, que a aplicação da sanção decorre do exercício por parte da administração pública de seu poder de polícia.[175] Em sendo assim, seria esperado que o destino das sanções pecuniárias revertesse para o titular desse poder, que seria representado pela Fazenda Pública. Assim, ocorre, por exemplo, com as sanções pecuniárias aplicadas pelo TCU.

---

[172] Art. 25 do Decreto nº 8.420/2015.
[173] Lei nº 6.830/1980 – que dispõe sobre a cobrança judicial da Dívida Ativa da Fazenda Pública:
Art. 1º A execução judicial para cobrança da Dívida Ativa da União, dos Estados, do Distrito Federal, dos Municípios e respectivas autarquias será regida por esta Lei e, subsidiariamente, pelo Código de Processo Civil.
Art. 2º Constitui Dívida Ativa da Fazenda Pública aquela definida como tributária ou não tributária na Lei nº 4.320, de 17 de março de 1964, com as alterações posteriores, que estatui normas gerais de direito financeiro para elaboração e controle dos orçamentos e balanços da União, dos Estados, dos Municípios e do Distrito Federal.
§1º Qualquer valor, cuja cobrança seja atribuída por lei às entidades de que trata o artigo 1º, será considerado Dívida Ativa da Fazenda Pública. [...]
Art. 3º - A Dívida Ativa regularmente inscrita goza da presunção de certeza e liquidez. [...]
[174] Art. 24 da Lei Anticorrupção.
[175] Consoante o art. 78 do Código Tributário Nacional: "Considera-se poder de polícia a atividade da administração pública que, limitando ou disciplinando direito, interesse ou liberdade, regula a prática de ato ou abstenção de fato, em razão de interesse público concernente à segurança, à higiene, à ordem, aos costumes, à disciplina da produção e do mercado, ao exercício de atividades econômicas dependentes de concessão ou autorização do poder público, à tranquilidade pública ou ao respeito à propriedade e aos direitos individuais ou coletivos".

3.1.3 Publicação Extraordinária da Decisão Administrativa Sancionadora

Trata-se de sanção de caráter moral que afeta a imagem da pessoa jurídica sancionada e que pode servir de forte desestímulo à prática dos atos lesivos previstos na Lei Anticorrupção.

Nesses termos, a pessoa jurídica sancionada administrativamente publicará a decisão administrativa sancionadora na forma de extrato de sentença, cumulativamente:

> I - em meio de comunicação de grande circulação na área da prática da infração e de atuação da pessoa jurídica ou, na sua falta, em publicação de circulação nacional;
>
> II - em edital afixado no próprio estabelecimento ou no local de exercício da atividade, em localidade que permita a visibilidade pelo público, pelo prazo mínimo de trinta dias;
>
> III - em seu sítio eletrônico, pelo prazo de trinta dias e em destaque na página principal do referido sítio.[176]

As publicações serão feitas às expensas da pessoa jurídica sancionada.

Em relação à dosimetria da pena, a norma legal não deixa muitas opções para que o aplicador da sanção a ajuste à reprovabilidade da conduta verificada. Ou ele deixa de aplicar, caso entender conveniente, ou a aplica nos estritos moldes previstos na norma. O único fator que permite alguma ponderação é o prazo de afixação do edital no estabelecimento da empresa, pois, ao estabelecer o prazo mínimo de trinta dias, a Lei Anticorrupção permite que a sanção seja por prazos superiores.

3.2 Procedimento judicial

De acordo com o princípio de independência entre as instâncias, a eventual responsabilização da pessoa jurídica na esfera administrativa não afasta a possibilidade de sua responsabilização na esfera judicial.[177]

As sanções que podem ser aplicadas na esfera judicial são:

> I - perdimento dos bens, direitos ou valores que representem vantagem ou proveito direta ou indiretamente obtidos da infração, ressalvado o direito do lesado ou de terceiro de boa-fé;

---

[176] Art. 6º, §5º, da Lei nº 12.846/2013.
[177] Art. 18 da Lei Anticorrupção.

II - suspensão ou interdição parcial de suas atividades;
III - dissolução compulsória da pessoa jurídica;
IV - proibição de receber incentivos, subsídios, subvenções, doações ou empréstimos de órgãos ou entidades públicas e de instituições financeiras públicas ou controladas pelo poder público, pelo prazo mínimo de um e máximo de cinco anos.[178]

Tal qual o disposto em relação às sanções da esfera administrativa, as sanções da esfera judicial podem ser aplicadas isoladas ou cumulativamente.[179] Cabe, pois, ao julgador, diante de cada caso concreto, aplicar as sanções de acordo com a reprovabilidade da conduta verificada.

Embora a lei não preveja, não há óbices para que sejam utilizados os parâmetros de dosimetria da pena da esfera administrativa para a aplicação das sanções da esfera judicial.

Como será visto na análise do processo judicial, em ação proposta pelo Ministério Público, também podem ser aplicadas judicialmente as sanções previstas na esfera administrativa, caso esteja caracterizada a omissão das autoridades competentes em investigar os fatos e aplicar essas sanções.[180]

3.2.1 Perdimento dos bens

A primeira sanção consiste no perdimento de bens, direitos ou valores que representem vantagem ou proveito direta ou indiretamente obtidos da infração.

Com efeito, a prática dos ilícitos não deve resultar em benefício patrimonial para o infrator. Assim, a norma prevê a perda dos produtos que representem acréscimo patrimonial resultante da infração.

Não há necessidade que os produtos decorram diretamente da prática do ato ilícito, pois os benefícios obtidos de forma indireta também estão sujeitos à devolução.

Tal qual estabelecido em relação ao valor da multa aplicada, os produtos objeto da pena deverão ser destinados preferencialmente ao órgão ou entidade lesado. A destinação apenas preferencial ao lesado pode ser justificada porque a natureza do bem apreendido pode não

---

[178] Art. 19 da Lei Anticorrupção.
[179] §3º do art. 19 da Lei Anticorrupção.
[180] Art. 20 da Lei Anticorrupção.

interessar ao órgão/entidade lesado por não dizer respeito à sua esfera de atuação e ser melhor aproveitado com outra destinação pública.

De qualquer forma, aplicam-se aqui os mesmos comentários referentes ao destino das sanções pecuniárias, no sentido de que melhor seria que a perda dos valores ocorresse em favor da Fazenda Nacional. Veja-se, a respeito, que o Código Penal dispõe que são efeitos da condenação a perda em favor da União do produto do crime ou de qualquer bem ou valor que constitua proveito auferido pelo agente com a prática do fato criminoso (art. 91, inciso II, alínea 'b').

3.2.1.1 Boa-fé de terceiros

A norma prevê que a aplicação da pena deve preservar o direito do lesado ou de terceiro de boa-fé. Ou seja, de acordo com o princípio da segurança jurídica, não podem ser objeto de perdimento os bens/valores que não se encontram mais em poder da pessoa jurídica infratora pelo fato de se encontrarem em poder de terceiros em razão de negócio legítimo.

Por certo, a sanção poderá ser aplicada caso se demonstre a má-fé do terceiro que tenha agido em conluio com a entidade infratora para ocultar os bens resultantes do ato ilícito.

3.2.2 Suspensão ou interdição parcial

A segunda espécie de sanção é a suspensão ou interdição parcial de atividades da pessoa jurídica.

A norma prevê a suspensão, que é uma medida de caráter temporário, e a interdição, que assume caráter permanente. Infelizmente, o legislador não forneceu maiores subsídios para orientar a aplicação dessa sanção, cabendo à doutrina e à jurisprudência preencher algumas questões em aberto.

Assim, questões como o tempo máximo da suspenção ou as condições para que seja levantada a interdição devem ser resolvidas em cada caso concreto.

Em analogia com as disposições da Lei nº 8.666/1993, por exemplo, o levantamento da interdição, depois de transcorrido um prazo mínimo de sua aplicação, poderia estar vinculado ao ressarcimento do dano sofrido pela administração e ao pagamento da multa imposta no âmbito administrativo.

Já a suspenção poderia ser cabível nas hipóteses em que não tenha sido constatado dano ao erário.

Caberia ainda definir o tempo máximo de duração dessas medidas, sob o risco de, em não o fazendo, assumirem o caráter de perpetuidade, o que é vedado pela Constituição Federal.[181] Caso se faça uma analogia com outras sanções administrativas similares de restrição a atividades de empresas, o prazo máximo de cinco anos parece ser um parâmetro dotado de razoabilidade.[182] Até porque a própria Lei Anticorrupção utiliza o prazo máximo de cinco anos para a aplicação de outra sanção – proibição de receber incentivos e outras vantagens da administração pública.

Pertinente a respeito a seguinte doutrina da obra de Celso Antônio Bandeira de Mello:

> Vê-se, pois, que este prazo de cinco anos é uma constante nas disposições gerais estatuídas em regras de Direito Público, quer quando reportadas ao prazo para o administrado agir, quer quando reportadas ao prazo para a Administração fulminar seus próprios atos.[183]

De se destacar que a pena trata da restrição parcial das atividades e não da interrupção do funcionamento da pessoa jurídica. Ou seja, é importante a delimitação do âmbito de abrangência de aplicação da pena de forma a não tornar a própria existência da entidade inviável economicamente.

Trata-se, pois, de sanção de forte impacto econômico que deve ser adotada com os devidos cuidados, sempre mantendo a adequada proporcionalidade entre a sua dosimetria e a gravidade da conduta impugnada.

3.2.3 Dissolução compulsória da pessoa jurídica

Trata-se aqui da mais grave das sanções possíveis de serem impostas à pessoa jurídica, pois representa a sua extinção.

---

[181] Art. 5º, inciso XLVII, alínea 'b'.
[182] Lei nº 10.520/2002 – Lei do Pregão (art. 7º); Lei nº 8.443/1993 – Lei Orgânica do Tribunal de Contas da União (art. 46); Lei nº 12.462/2011 – Regime Diferenciado de Contratação (art. 15).
[183] BANDEIRA DE MELLO, Celso Antônio. *Curso de direito administrativo*. 26. ed. rev. atual. até a Emenda Constitucional 57, de 18.12.2008. São Paulo: Malheiros, 2009. p. 1.047-1.048.

Diante da relevância da repercussão dessa sanção, o legislador dispôs que ela somente deve ser aplicada quando:

> I - ter sido a personalidade jurídica utilizada de forma habitual para facilitar ou promover a prática de atos ilícitos; ou
>
> II - ter sido constituída para ocultar ou dissimular interesses ilícitos ou a identidade dos beneficiários dos atos praticados.[184]

Cabe observar que o segundo requisito também se enquadra naqueles para os quais cabe a desconsideração da personalidade jurídica da entidade, o que permite que os efeitos da dissolução compulsória da entidade atinjam seus sócios.

Outro aspecto a ser considerado é a possibilidade de que os antigos sócios da empresa desconstituída constituam outra empresa para continuar as suas atividades e escapar aos efeitos da sanção.

Nesse caso, entende-se que também estão presentes os pressupostos para a desconsideração da personalidade jurídica da nova empresa de forma que a ela se aplicam as sanções aplicadas à empresa dissolvida judicialmente.

Deveria a norma, entretanto, ter fixado prazo máximo para as restrições dos novos sócios em abrir nova empresa, de forma também a afastar o caráter de perpetuidade da sanção. Diante dessa lacuna, como dito anteriormente, a utilização do prazo de cinco anos é dotada de razoabilidade.

3.2.4 Proibição de receber vantagem financeira do poder público

A última espécie de sanção é a proibição de receber incentivos, subsídios, subvenções, doações ou empréstimos de órgãos ou entidades públicas e de instituições financeiras públicas ou controladas pelo poder público.

Ou seja, trata-se da proibição de receber qualquer vantagem financeira por parte da administração pública.

De se observar que essa sanção trata de procedimento a ser adotado pela própria administração pública. Em sendo assim, em respeito ao pacto federativo, entende-se que a aplicação da pena gera

---

[184] §1º do art. 19 da Lei Anticorrupção.

efeitos apenas dentro do ente que a aplicar. Desta feita, por exemplo, não haveria óbices para que uma instituição financeira controlada por estado da Federação concedesse financiamento para uma empresa que sofreu essa sanção por uma entidade federal. A restrição pode ser aplicada pelo prazo mínimo de um e máximo de cinco anos e pode ser classificada em quatro grupos.

3.2.4.1 Incentivos

O primeiro deles é o incentivo, que segundo a Constituição Federal[185] pode ser fiscal ou creditício. Este se refere a empréstimos em condições privilegiadas quando comparados aos existentes no mercado. Aquele trata de alguma desoneração tributária em geral acompanhada de alguma contrapartida por parte do contribuinte.

3.2.4.2 Subsídios e subvenções

Já os subsídios e subvenções constituem despesas orçamentárias da administração pública, assim definidas pela Lei nº 4.320/1964 – que estatui Normas Gerais de Direito Financeiro:

> I) Das Subvenções Sociais
> Art. 16. Fundamentalmente e nos limites das possibilidades financeiras a concessão de subvenções sociais visará à prestação de serviços essenciais de assistência social, médica e educacional, sempre que a suplementação de recursos de origem privada aplicados a esses objetivos revelar-se mais econômica.
> [...]
> II) Das Subvenções Econômicas
> [...]
> b) as dotações destinadas ao pagamento de bonificações a produtores de determinados gêneros ou materiais.

---

[185] Nessa linha, a Constituição Federal (§3º do art. 195) estabelece que: §3º - A pessoa jurídica em débito com o sistema da seguridade social, como estabelecido em lei, não poderá contratar com o Poder Público nem dele receber benefícios ou incentivos fiscais ou creditícios.

3.2.4.3 Empréstimos

As concessões de empréstimos são operações de crédito usuais do mercado financeiro e consistem em:

> Contrato entre o cliente e a instituição financeira pelo qual ele recebe uma quantia que deverá ser devolvida ao banco em prazo determinado, acrescida dos juros acertados. Os recursos obtidos no empréstimo não têm destinação específica.[186]

3.2.4.4 Doações

As doações são outra espécie de contrato em que uma pessoa, por liberalidade, transfere, do seu patrimônio, bens ou vantagens para o de outra.[187]

3.3 Prescrição

Criado com a finalidade de impor regras não só à sociedade, mas também ao próprio Estado, o Estado de Direito tem como um de seus pilares centrais a segurança jurídica, que, no caso do direito de ação, tem como consectário as regras prescricionais. Almeja-se, com o instituto da prescrição, a estabilização das relações sócio jurídicas em face da inércia do detentor original do direito, inclusive em relação àquelas futuramente litigiosas.

Nessa seara, a Lei Anticorrupção prevê a prescrição das infrações nela previstas.[188]

3.3.1 Prazo

O prazo prescricional é de cinco anos. Esse prazo, registre-se, prepondera no sistema do Direito Público para a imposição de sanções de natureza administrativa.

---

[186] Segundo disponibilizado no sítio do BANCO CENTRAL DO BRASIL. Disponível em: http://www.bcb.gov.br/?EMPRESTIMOEFINANCIAMENTOFAQ. Acesso em: 17 abr. 2015.
[187] Art. 538 do Código Civil.
[188] Art. 25. Prescrevem em 5 (cinco) anos as infrações previstas nesta Lei, contados da data da ciência da infração ou, no caso de infração permanente ou continuada, do dia em que tiver cessado.
Parágrafo único. Na esfera administrativa ou judicial, a prescrição será interrompida com a instauração de processo que tenha por objeto a apuração da infração.

Nesse sentido, cabe mencionar as seguintes normas:

I - Lei nº 6.838/1980,[189] para a sanção disciplinar de profissional liberal;

II - Lei nº 8.112/1990,[190] para a ação disciplinar contra servidor público que culmine a pena de demissão;

III - Lei nº 8.429/1992,[191] para aplicação das sanções no caso de detentores de cargos e empregos públicos;

IV - Lei nº 9.873/1999,[192] no caso da pretensão punitiva da administração no exercício do poder de polícia;

V - Lei nº 12.529/2011,[193] para as ações punitivas da administração pública federal objetivando apurar infrações da ordem econômica.

3.3.2 Termo inicial

A norma estatuiu duas possibilidades de contagem do prazo, de acordo com a natureza da infração. A primeira, menos gravosa para os autores do ilícito, aplica-se às infrações de caráter permanente ou continuado – conta-se a partir da cessação da infração. A segunda, mais gravosa para os autores do ilícito, aplica-se às demais infrações – conta-se a partir do conhecimento do fato pela administração.

3.3.2.1 Infração de caráter permanente ou continuado

A norma, com nítida influência das normas de direito penal, busca dar tratamento específico para infrações de caráter permanente ou continuado.[194] Nesses casos, o prazo começa a contar da data em que tiver cessado a prática do ilícito.

---

[189] Dispõe sobre o prazo prescricional para a punibilidade de profissional liberal, por falta sujeita a processo disciplinar, a ser aplicada por órgão competente.

[190] Dispõe sobre o regime jurídico dos servidores públicos civis da União, das autarquias e das fundações públicas federais.

[191] Lei de Improbidade Administrativa.

[192] Estabelece prazo de prescrição para o exercício de ação punitiva pela Administração Pública Federal, direta e indireta.

[193] Que estrutura o Sistema Brasileiro de Defesa da Concorrência; dispõe sobre a prevenção e a repressão às infrações contra a ordem econômica.

[194] Crime continuado: Código Penal, Art. 71 - Quando o agente, mediante mais de uma ação ou omissão, pratica dois ou mais crimes da mesma espécie e, pelas condições de tempo, lugar, maneira de execução e outras semelhantes, devem os subsequentes ser havidos como continuação do primeiro [...].

3.3.2.1.1 Caráter permanente

A infração de caráter permanente é aquela cujo resultado persiste enquanto existir a conduta. Para Fernando Capez, o crime instantâneo "consuma-se em um dado instante, sem continuidade no tempo, como por exemplo, o homicídio".[195] No crime permanente "o momento consumativo se protrai no tempo, e o bem jurídico é continuamente agredido. A sua característica reside em que a cessação da situação ilícita depende apenas da vontade do agente, por exemplo, o sequestro (art. 148, do CP)".

Nesse caso, não há maiores dúvidas acerca do termo inicial do prazo, o qual é similar ao disposto no Código Penal,[196] ou seja, conta-se a partir do dia em que cessou a prática da infração.

3.3.2.1.2 Infrações continuadas

Para as infrações continuadas, que são um conjunto de infrações autônomas praticadas em circunstâncias similares e em sequência, a norma anticorrupção não é precisa acerca da contagem do tempo. Isso porque, ao dispor que o termo inicial ocorrerá do dia em que tiver cessado, não está claro se o cessar se refere a cada infração ou se somente à última.

Na primeira hipótese, similar ao disposto no Código Penal,[197] haverá um prazo prescricional para cada infração praticada. Essa solução é mais favorável ao infrator na medida em que as prescrições das primeiras infrações vão ocorrer antes e de forma independente do prazo prescricional da última praticada.

Na segunda hipótese, a prescrição de todas as infrações estará vinculada àquela da última praticada. Trata-se, sem dúvida, de situação mais favorável à administração pública na medida em que a prescrição das primeiras infrações, independentemente de quando ocorreram, estará vinculada a uma infração posterior.

---

[195] CAPEZ, Fernando. *Curso de Direito Penal*: parte geral. 12. ed. São Paulo: Saraiva, 2008. v. 1, p. 264.

[196] Art. 111 - A prescrição, antes de transitar em julgado a sentença final, começa a correr: [...]
III - nos crimes permanentes, do dia em que cessou a permanência; [...]

[197] Art. 119 do Código Penal: No caso de concurso de crimes, a extinção da punibilidade incidirá sobre a pena de cada um, isoladamente.

A respeito, como a Lei Anticorrupção é uma norma de caráter sancionador, parece ser mais adequada a primeira interpretação, mais favorável ao autor da infração. Esse entendimento também é justificável com a aplicação analógica do disposto no Código Penal, ante a similitude de objetivos entre essas duas normas.

3.3.2.2 Demais infrações

Para as demais infrações, o termo inicial do prazo prescricional começa a contar da ciência do fato pela administração pública.

Trata-se aqui de disposição semelhante àquela estabelecida na Lei nº 8112/1990:

> O prazo de prescrição começa a correr da data em que o fato se tornou conhecido (art. 142, §1º).

A Lei de Improbidade Administrativa incorporou esse entendimento ao estabelecer que as ações de improbidade prescrevem de acordo com o prazo previsto em lei específica para faltas disciplinares puníveis com demissão a bem do serviço público, nos casos de exercício de cargo efetivo ou emprego.[198]

Entretanto, a maioria das normas prevê que o prazo prescricional para o exercício da pretensão punitiva da administração pública será contado a partir da ocorrência do fato (Lei nº 6.838/1980, Lei nº 9.873/1999 e Lei nº 12.529/2011).

Verifica-se, pois, que a Lei Anticorrupção adotou entendimento mais rígido do que aquele mais comumente verificado em nosso ordenamento jurídico. Ou seja, privilegiou-se o exercício do poder punitivo em detrimento da segurança jurídica.

Pode-se, é bem verdade, criticar esse posicionamento ao se constatar que o particular pode ficar indefinidamente sujeito à pretensão punitiva da administração pública, bastando, para tanto, que ela não tenha conhecimento do ilícito.

Essa preocupação, em análise que não trata da Lei Anticorrupção, cabe ressaltar, foi compartilhada pela Procuradoria-Geral da República quando, ao concordar com a manifestação monocrática do Ministro Roberto Barroso do Supremo Tribunal Federal, assim expôs:

---

[198] Art. 23, inciso II.

Não há como prosperar, por fim, a tese que defende a contagem do prazo de prescrição a partir do conhecimento, pela Corte de Contas, da suposta infração. Adotar tal entendimento possibilitaria estender, *por prazo indeterminado, a pretensão punitiva do Estado, em ofensa à regra constitucional da prescritibilidade* dos atos ilícitos administrativos sem dano (grifou-se).[199]

3.3.2.3 Outras considerações

Não se vislumbram razões lógicas para essa diferenciação em função da natureza da infração. Não há motivos para que em alguns casos se privilegie a segurança jurídica em detrimento da máxima proteção da administração pública e em outros não.

Até porque essa diferenciação da natureza da infração não diz respeito à gravidade da conduta e tampouco ao grau de lesão sofrido pela administração pública. Pelo contrário, caso essa distinção servisse para averiguar a reprovabilidade da conduta infracional, verificar-se--ia que as de caráter permanente ou continuado – por seu caráter de reiteração – demandariam um tratamento mais rigoroso. Entretanto, é exatamente o contrário do que ocorre com as regras prescricionais estabelecidas na Lei Anticorrupção.

Na verdade, parece que o legislador fez uma adaptação imprecisa das normas de Direito Penal, sendo que seria mais feliz, por exemplo, caso reproduzisse as regras da Lei nº 12.259/2011:

> Prescrevem em 5 (cinco) anos as ações punitivas da administração pública federal, direta e indireta, objetivando apurar infrações da ordem econômica, *contados da data da prática do ilícito ou, no caso de infração permanente ou continuada, do dia em que tiver cessada a prática do ilícito* (grifou-se).[200]

3.3.3 Interrupção

A prescrição, na esfera administrativa ou judicial, será interrompida com a instauração do processo que tenha por objetivo a apuração da infração ou com a celebração de acordo de leniência.[201]

---

[199] MS nº 32.201/DF, Relator Ministro Roberto Barroso.
[200] Art. 46.
[201] §9º do art. 16 da Lei Anticorrupção.

A norma nada dispõe acerca do reinício da contagem do prazo prescricional e se haveria prescrição intercorrente, o que ocorreria caso o processo de apuração se prolongasse por um período superior ao prazo prescricional.

3.3.3.1 Âmbito judicial

No âmbito judicial, entende-se aplicável o entendimento do Superior Tribunal de Justiça para a Lei de Improbidade, a qual também nada dispõe acerca da prescrição intercorrente:

> ADMINISTRATIVO E PROCESSUAL CIVIL. AÇÃO CIVIL PÚBLICA. IMPROBIDADE ADMINISTRATIVA. [...] PRESCRIÇÃO INTERCORRENTE. NÃO OCORRÊNCIA. [...]
> 1. O art. 23 da Lei nº 8.429/1992, que regula o prazo prescricional para propositura da ação de improbidade administrativa, não possui comando a permitir a aplicação da prescrição intercorrente nos casos de sentenças proferidas há mais de 5 (cinco) anos do ajuizamento ou do ato citatório na demanda. [...]
> (REsp nº 1289993/RO, Rel. Ministra Eliana Calmon, 2ª Turma, julgado em 19.09.2013).

Esse entendimento é reforçado porque o rito judicial da Lei Anticorrupção[202] é idêntico ao da Lei de Improbidade Administrativa, pois ambas adotam aquele previsto na Lei nº 7.347/1985 – que disciplina a ação civil pública.

Adota-se, pois, regra constante do Código Civil,[203] o qual estabelece que a prescrição interrompida recomeça do último ato do processo para a interromper.

Com efeito, no processo judicial, o reinício da contagem do prazo somente deve ocorrer após o encerramento da lide, pois as partes submeteram a resolução do conflito a um terceiro (juiz). Eventual atraso no julgamento da lide afeta ambas as partes de maneira similar, sobretudo porque o autor nada pode fazer senão esperar pela resposta judicial.

---

[202] Art. 21 da Lei nº 12.846/2013.
[203] Art. 202, parágrafo único.

3.3.3.2 Âmbito administrativo

A relação processual no âmbito da administração é atípica. Isso porque à administração não cabe apenas dizer o direito, mas também impulsionar o processo, dentre outras particularidades. Assim, se houver demora no julgamento do processo, esse fato não deve beneficiar quem deu causa a essa demora, que é a própria administração.

Desta feita, até de acordo com o princípio constitucional da duração razoável do processo,[204] entende-se que a prescrição deve, no âmbito administrativo, voltar a correr depois do ato que a interrompeu e não a partir do final do processo, como ocorre, em geral, no âmbito judicial.

Observa-se que, quando se está em discussão o poder sancionador do Estado para com particulares, esse raciocínio tem sido aceito, aplicado e, muitas vezes, positivado no ordenamento jurídico brasileiro. O Código Penal[205] – norma punitiva por excelência – afirma expressamente que, uma vez interrompido o curso da prescrição, a contagem recomeça novamente do dia da interrupção.

Nessa linha, também dispõem a Lei nº 12.529/2011, a Lei nº 6.838/1980 e a Lei nº 9.873/1999.

Portanto, não existindo norma expressa em sentido contrário, entende-se aplicável essa regra geral para a prescrição da pretensão punitiva estatal. Assim, é possível que aconteça a prescrição intercorrente nas apurações da Lei Anticorrupção em âmbito administrativo.

3.3.4 Ressarcimento

Consoante a Constituição Federal, são imprescritíveis as ações de ressarcimento ao erário:

> A lei estabelecerá os prazos de prescrição para ilícitos praticados por qualquer agente, servidor ou não, que causem prejuízos ao erário, ressalvadas as respectivas ações de ressarcimento (art. 37, §5º).

Esse entendimento foi corroborado pelo Supremo Tribunal Federal:

---

[204] Constituição Federal, art. 5º, inciso LXXVIII: a todos, no âmbito judicial e administrativo, são assegurados a razoável duração do processo e os meios que garantam a celeridade de sua tramitação.
[205] Art. 117, §2º.

AGRAVO REGIMENTAL NO AGRAVO DE INSTRUMENTO. DIREITO ADMINISTRATIVO. DANO AO ERÁRIO. ARTIGO 37, §5º, DA CF. IMPRESCRITIBILIDADE. PRECEDENTES. [...]
O Supremo Tribunal Federal tem jurisprudência assente no sentido da imprescritibilidade das ações de ressarcimentos de danos ao erário. Precedentes: [...]
(AI nº 819135 AgR, Relator: Min. Luiz Fux, 1ª Turma, julgado em 28.05.2013).

Em data mais recente, o STF alterou a abrangência desse entendimento no julgamento do Recurso Extraordinário nº 669.069 (Rel. Min. Teori Zavascki, julgado em 03.02.2016), em que se discutiu o prazo de prescrição da pretensão ao ressarcimento por danos causados ao erário por ilícito civil, excluídos aqueles resultantes de atos de improbidade administrativa. Na ocasião, fez-se assente que:

> É prescritível a ação de reparação de danos à Fazenda Pública decorrente de ilícito civil.

Já por meio do Recurso Extraordinário nº 852.475/SP (Redator Min. Edson Fachin, julgado em 08.08.2018), o STF decidiu que:

> São imprescritíveis as ações de ressarcimento ao erário fundadas na prática de ato doloso tipificado na Lei de Improbidade Administrativa.

Ou seja, caso se estenda essa linha de entendimento para ações de ressarcimento com base na Lei Anticorrupção, aplicar-se-iam os prazos prescricionais previstos nessa lei às sanções e aos procedimentos de reparação dos prejuízos causados pelas pessoas jurídicas à administração pública que não tenham sido fundadas na prática de ato doloso.

De se ver, contudo, que via de regra, os atos tipificados na Lei Anticorrupção decorrem da prática de uma conduta dolosa, o que implicaria na imprescritibilidade da maioria das ações de ressarcimento derivadas da aplicação dessa norma.

3.4 Publicidade das sanções aplicadas

3.4.1 Cadastro Nacional de Empresas Punidas – CNEP

A Lei Anticorrupção instituiu o Cadastro Nacional de Empresas Punidas – CNEP, a ser gerenciado pelo Poder Executivo federal, que deverá reunir e dar publicidade às sanções aplicadas com base nessa norma legal.[206]

Todos os órgãos ou entidades dos Poderes Executivo, Legislativo e Judiciário de todas as esferas de governo deverão informar e manter atualizados os dados relativos às sanções por eles aplicadas com fulcro na Lei Anticorrupção.[207]

Consoante a norma legal, o cadastro deverá, pelo menos, conter as seguintes informações:

> I - razão social e número de inscrição da pessoa jurídica ou entidade no Cadastro Nacional da Pessoa Jurídica – CNPJ;
>
> II - tipo de sanção aplicada;
>
> III - data de aplicação e data final da vigência do efeito limitador ou impeditivo da sanção, quando for o caso.

3.4.1.1 Acordo de leniência

O cadastro também deverá conter as informações sobre acordos de leniência firmados.[208]

Cabe à autoridade competente, para a celebração do acordo, prestar e manter atualizadas no CNEP as informações acerca do acordo de leniência. Assim, dentre outras medidas, caso a pessoa jurídica não cumpra os termos do acordo de leniência, deverá ser incluída no CNEP referência ao respectivo descumprimento.

Por certo, a inscrição não deve ocorrer caso se vislumbre que a inscrição do acordo possa causar prejuízo às investigações e ao processo administrativo.

3.4.1.2 Exclusão dos registros

Os registros das sanções e dos acordos de leniência serão excluídos quando ocorrerem as seguintes condições:

> I - fim do prazo do efeito limitador ou impeditivo da sanção;
>
> II - cumprimento integral do acordo de leniência;

---

[206] Art. 22 da Lei Anticorrupção.
[207] §1º do art. 22 da Lei Anticorrupção.
[208] §§3º a 5º do art. 22 da Lei Anticorrupção.

III - reparação do dano causado;
IV - quitação da multa aplicada.[209]

Caso haja descumprimento do acordo de leniência, essa informação deverá constar no cadastro pelo prazo de três anos,[210] que é aquele fixado pela norma legal para que a pessoa jurídica descumpridora do acordo possa celebrar um novo.

3.4.1.3 Finalidade

Além de possibilitar a divulgação sistematizada dos resultados dos processos instaurados com fulcro na Lei Anticorrupção, o cadastro poderá servir de subsídio para a própria tomada de decisão no âmbito de processos de responsabilização em andamento.

Ao se evidenciar o histórico da entidade, por exemplo, estarão disponíveis informações sobre a efetividade de eventual programa de integridade instaurado pela pessoa jurídica. Essa informação poderá ser útil quando da dosimetria das sanções e quando da avaliação dos compromissos a respeito, assumidos em acordos de leniência.[211]

Já a informação acerca de eventual descumprimento de acordo de leniência servirá para que essa condição seja avaliada em futuros acordos a serem celebrados.

Não se pode deixar de registrar, entretanto, que antes do advento da Lei Anticorrupção já existia o Cadastro Nacional de Empresas Inidôneas e Suspensas – CEIS, também mantido pelo Poder Executivo federal, que é objeto do próximo tópico deste livro.

Em sendo assim, em vez da criação de um novo cadastro, melhor teria feito o legislador se tivesse ampliado aquele já existente, garantindo uma simplificação do sistema de consultas dos dados referentes às pessoas jurídicas objeto de sanção por parte da administração pública. De qualquer forma, esse desiderato foi atendido pela Controladoria-Geral da União com a implantação de sistema integrando ambos os cadastros.

---

[209] Art. 47 do Decreto nº 8.420/2015.
[210] Art. 7º, §2º, da Instrução Normativa CGU/PR nº 2/2015 – que regula o registro de informações no Cadastro Nacional de Empresas Inidôneas e Suspensas – CEIS e no Cadastro Nacional de Empresas Punidas – CNEP.
[211] Art. 7º, inciso VIII, da Lei Anticorrupção e art. 37, inciso IV, do Decreto nº 8.420/2015.

3.4.2 Cadastro Nacional de Empresas Inidôneas e Suspensas – CEIS

O Cadastro Nacional de Empresas Inidôneas e Suspensas (CEIS) também é um banco de dados mantido pelo Poder Executivo federal, por meio da Controladoria-Geral da União, que tem como objetivo consolidar a relação das pessoas físicas e jurídicas que sofreram sanções das quais decorra como efeito restrição ao direito de participar de licitações ou de celebrar contratos com a administração pública.[212]

A Lei Anticorrupção trouxe a obrigatoriedade de órgãos ou entidades dos Poderes Executivo, Legislativo e Judiciário de todas as esferas de governo alimentarem o cadastro com as informações referentes às sanções por eles aplicadas com fulcro nos arts. 87 e 88 da Lei nº 8.666/1993.[213]

Embora o art. 87 da Lei nº 8.666/1993 refira-se também às penas de advertência e pena de multa, há de se entender que as sanções da Lei de Licitações a serem incluídas no cadastro são aquelas compatíveis com sua finalidade, quais sejam:

> I - suspensão temporária de participação em licitação e impedimento de contratar com a administração, por prazo não superior a dois anos;
> II - declaração de inidoneidade para licitar ou contratar com a administração pública enquanto perdurarem os motivos determinantes da punição ou até que seja promovida a reabilitação perante a própria autoridade que aplicou a penalidade, que será concedida sempre que o contratado ressarcir a administração pelos prejuízos resultantes e após decorrido o prazo da sanção aplicada com base no inciso anterior.

A divulgação em um cadastro único de todas as sanções restritivas de participação em licitações e contratos é positiva pelo fato de que o âmbito de abrangência não necessariamente está restrito ao órgão aplicador da sanção.

O quadro a seguir sintetiza as principais sanções da espécie aplicáveis pela administração pública e os seus respectivos espectros de abrangência:

---

[212] PORTAL DA TRANSPARÊNCIA. Disponível em: http://www.portaldatransparencia.gov.br/ceis/SaibaMais.seam. Acesso em: 15 mai. 2015.
[213] Art. 23 da Lei nº 12.846/2013.

Quadro 1: Sanções restritivas de participação em licitações e contratos com a administração pública

Abrangência	Prazo
Lei nº 8.666/1993 (arts. 6º e 87)	
Suspensão temporária	
Órgão ou entidade aplicador da sanção	Até 2 anos
Declaração de inidoneidade	
Administração direta e indireta da União, dos estados, do Distrito Federal e dos municípios	Até a reabilitação
Pregão (Lei nº 10.520/2002 – art. 7º)	
Ente da Federação aplicador da sanção	Até 5 anos
Regime Diferenciado de Contratação – RDC (art. 15 da Lei nº 12.462/2011)	
Ente da Federação aplicador da sanção	Até 5 anos
Estatuto Jurídico das Empresas Estatais (Lei nº 13.303/2016)	
Entidade sancionadora	Até 2 anos
Sanção aplicável pelo Tribunal de Contas da União – TCU (art. 46 da Lei nº 8.443/1992)	
Administração Pública Federal	Até 5 anos
Lei de Acesso à Informação (art. 33 da Lei nº 12.527/2011)	
Suspensão temporária	
Administração pública	Até 2 anos
Declaração de inidoneidade	
Administração pública	Até a reabilitação
Lei Eleitoral – (art. 81 da Lei nº 9.504/1997)	
Poder Público	5 anos
Lei de Improbidade Administrativa (art. 12 da Lei nº 8.429/1992)	
Poder Público	3 a 10 anos

Assim, a sanção de declaração de inidoneidade, por exemplo, abrange a administração pública de todas as esferas de governo. Caso essa sanção seja aplicada por um município de determinado estado da Federação, o impedimento para participar abrange as licitações promovidas por todas as demais unidades federativas (União, estados, Distrito Federal e demais municípios).

Por certo, caso não haja uma adequada divulgação da aplicação da sanção, a sua efetividade ficará comprometida, pois, sem a existência do cadastro único, dificilmente o gestor público poderia ter conhecimento se determinada empresa apresenta ou não restrições. Isso porque não é razoável que, para cada contratação que vá realizar, o gestor público consulte os cadastros, caso existentes, de todos os entes da Federação.

Em assim sendo, por simplificar o procedimento de consulta, o CEIS é de grande valia para garantir que a punição aplicada produza os efeitos preconizados na norma legal.

Entretanto, novamente em desarrazoada distinção das normas de licitações públicas, não foi feita pela Lei Anticorrupção menção às sanções aplicáveis mediante a Lei do Regime Diferenciado de Contratação – RDC, a Lei do Pregão e o Estatuto Jurídico das Empresas Estatais,[214] os quais igualmente restringem a participação de empresas em licitações. Ou seja, a efetividade da aplicação dessas penalidades pode estar prejudicada ante sua divulgação ineficiente. Raciocínio idêntico aplica-se em relação às demais sanções mencionadas no quadro anterior, para as quais a Lei Anticorrupção não estabeleceu a obrigatoriedade de registro no CEIS.

O Decreto nº 8.420/2015 buscou contornar esse problema, pelo menos parcialmente, ao estabelecer que o cadastro conterá também, dentre outras, as sanções aplicadas com fulcro na Lei do Regime Diferenciado de Contratação – RDC, Lei do Pregão e Lei de Acesso à Informação.[215] Entretanto, por não se tratar de norma geral, essa disposição do Decreto nº 8.420/2015 possui caráter apenas orientador para os demais entes da Federação que não a União.

3.4.2.1 Exclusão dos registros

Similarmente ao CNEP, os registros do CEIS serão excluídos quando ocorrerem as seguintes condições:

---

[214] Arts. 7º da Lei nº 10.520/2002, 47 da Lei nº 12.462/2011 e 83 da Lei nº 13.303/2016.
[215] Arts. 43 e 44.

I - fim do prazo do efeito limitador ou impeditivo da sanção;
II - publicação da decisão de reabilitação da pessoa jurídica declarada inidônea;
III - reparação do dano causado;
IV - quitação da multa aplicada.[216]

3.4.2.2 Sobreposição de penas

Ao estabelecer o cadastro único daqueles com restrições em participar de licitações públicas, a norma legal não disciplinou como ocorrerá quando a pessoa jurídica sofrer mais de uma sanção.

Em assim sendo, prevalece a sistemática atual, mediante a qual o transcurso do prazo de cada sanção ocorre independentemente de estar transcorrendo o prazo de outra sanção. Desta feita, caso a entidade, em razão de fatos geradores diversos, sofra mais de uma sanção, a duração do período em que ela sofrerá restrições dependerá dos momentos em que forem aplicadas essas sanções.

Veja-se um exemplo em que a pessoa jurídica sofre duas sanções de impedimento para participar de licitação pelo período de dois anos cada.

Na hipótese de as sanções serem aplicadas simultaneamente ou em data muito próxima, o transcurso do prazo das duas sanções ocorrerá simultaneamente de forma que a empresa sancionada ficará impedida de licitar por um período próximo a dois anos. A segunda sanção não terá, pois, a efetividade que dela se esperava pelo fato de que sua aplicação não redundará em efeitos práticos significativos. Ou seja, a aplicação da segunda sanção não alterou a situação da empresa punida.

Entretanto, caso a segunda sanção seja aplicada em data próxima ao término do prazo da primeira sanção, a empresa poderá ficar impedida de licitar pelo prazo equivalente à soma das duas sanções, ou seja, quatro anos. Ocorrerá, portanto, que ambas as sanções produzirão os efeitos que delas se esperam.

Do exposto, verifica-se que fatores como a duração do processo de responsabilização ou a data em que se tomou conhecimento da infração podem fazer com que a aplicação de uma sanção seja, ao menos em parte, ineficaz. Circunstâncias dependentes de fatores incertos podem

---

[216] Art. 47 do Decreto nº 8.420/2015.

fazer com que situações similares estejam sujeitas a reprimendas de fato diversas, em desacordo com o princípio da isonomia.

Melhor seria se o legislador tivesse disciplinado a matéria de acordo com as normas de direito penal (art. 75 do Código Penal), em que é prevista a unificação das penas:

> Art. 75 - O tempo de cumprimento das penas privativas de liberdade não pode ser superior a 30 (trinta) anos. *(Redação dada pela Lei nº 7.209, de 11.7.1984).*
>
> §1º - Quando o agente for condenado a penas privativas de liberdade cuja soma seja superior a 30 (trinta) anos, devem elas ser unificadas para atender ao limite máximo deste artigo. *(Redação dada pela Lei nº 7.209, de 11.7.1984).*
>
> §2º - Sobrevindo condenação por fato posterior ao início do cumprimento da pena, far-se-á nova unificação, desprezando-se, para esse fim, o período de pena já cumprido.

Inspirado nessa solução, o Tribunal de Contas da União[217] tem adotado o seguinte entendimento para as sanções por ele aplicadas:

> 9.2.3. as sanções de declaração de inidoneidade impostas pelo TCU devem ser cumpridas, sucessivamente, em caso de mais de uma condenação para a mesma licitante;
>
> 9.2.4. a cumulação de mais de uma sanção de declaração de inidoneidade, cominada à mesma licitante, com fundamento no artigo 46 da Lei nº 8.443/1992, *está temporalmente limitada, em seu conjunto, ao total de cinco anos*, tendo por base a aplicação analógica da regra estampada nos §§1º e 2º do art. 75 do Código Penal Brasileiro, de sorte que sobrevindo nova condenação:
>
> 9.2.4.1. por fato posterior ao início do cumprimento da punição anterior, far-se-á nova unificação, somando-se o período restante da pena anterior com a totalidade da pena posterior, desprezando-se, para esse fim, o período de pena já cumprido; e
>
> 9.2.4.2. por fato anterior ao início do cumprimento da punição anterior, deve ser lançada no montante total já unificado. (Grifos acrescidos).

---

[217] Acórdão nº 348/2016-Plenário, Rel. Min. Walton Alencar Rodrigues, Sessão de 24.02.2016.

CAPÍTULO 4

PROCESSO DE RESPONSABILIZAÇÃO

O processo é a última etapa na evolução histórica dos métodos de composição de litígios. Os Estados modernos, afastando quase que totalmente métodos antigos – autodefesa e autocomposição –, adotam o processo como instrumento para a solução de conflitos de interesses surgidos no seio da sociedade.[218]
A Constituição Federal assim dispõe sobre a matéria:

> Art. 5º [...] LV - Aos litigantes, em processo judicial ou administrativo, e aos acusados em geral são assegurados o contraditório e a ampla defesa, com os meios e recursos a ela inerentes.

A Lei Anticorrupção trata dos processos de responsabilização administrativa e judicial. A norma legal traz ainda algumas considerações acerca da responsabilização pelo dano sofrido pela administração pública, o qual será objeto de análise em tópico específico.

4.1 Responsabilização administrativa

A apuração da responsabilidade administrativa da pessoa jurídica será efetuada por meio de Processo Administrativo de Responsabilização – PAR.[219]
Embora a Lei Anticorrupção contenha diversas disposições acerca do procedimento de responsabilização, no âmbito federal, subsidiariamente caberá a aplicação da Lei nº 9.784/1999.

---

[218] ZYMLER, Benjamin. *Direito administrativo e controle*. 4. ed. Belo Horizonte: Fórum, 2015. p. 231.
[219] Art. 2º do Decreto nº 8.420/2015.

4.1.1 Autoridade competente

A instauração e o julgamento do PAR cabem à autoridade máxima de cada órgão ou entidade, dos Poderes Executivo, Legislativo e Judiciário, contra o qual foi praticado o ato lesivo.[220]

No âmbito do Poder Executivo federal, a autoridade máxima de cada órgão é o seu Ministro de Estado. Nos demais Poderes, em regra, serão os presidentes dos tribunais – Poder Judiciário – ou os presidentes das casas legislativas – Poder Legislativo.

Para as entidades dotadas de personalidade jurídica própria – *v.g.* empresas públicas, sociedades de economia mista, autarquias e fundações públicas – a autoridade máxima serão seus presidentes ou cargos com hierarquia equivalente.

Essa competência poderá ser delegada, sendo vedada a subdelegação.

Nos termos da Lei nº 9.784/1999, o procedimento de delegação deverá ocorrer nos seguintes termos:

> Art. 14. O ato de delegação e sua revogação deverão ser publicados no meio oficial.
> §1º O ato de delegação especificará as matérias e poderes transferidos, os limites da atuação do delegado, a duração e os objetivos da delegação e o recurso cabível, podendo conter ressalva de exercício da atribuição delegada.
> §2º O ato de delegação é revogável a qualquer tempo pela autoridade delegante.
> §3º As decisões adotadas por delegação devem mencionar explicitamente esta qualidade e considerar-se-ão editadas pelo delegado.

4.1.1.1 Omissão da autoridade competente

A autoridade competente que, tendo conhecimento das infrações, não adotar providências para a apuração dos fatos, será responsabilizada penal, civil e administrativamente nos termos da legislação específica aplicável.[221]

No âmbito penal, essa conduta pode caracterizar o crime de prevaricação (art. 319 do Código Penal):

---

[220] Art. 8º da Lei Anticorrupção e art. 3º do Decreto nº 8.420/2015.
[221] Art. 27 da Lei Anticorrupção.

Retardar ou deixar de praticar, indevidamente, ato de ofício, ou praticá-lo contra disposição expressa de lei, para satisfazer interesse ou sentimento pessoal.

No âmbito civil, o autor da conduta pode ser considerado coobrigado pela reparação do dano, nos termos do art. 8º da Lei nº 8.443/1992:

> [...] a autoridade administrativa competente, sob pena de responsabilidade solidária, deverá imediatamente adotar providências com vistas à instauração da tomada de contas especial para apuração dos fatos, identificação dos responsáveis e quantificação do dano.

Já no âmbito administrativo, essa conduta pode, por exemplo, caracterizar ato de improbidade administrativa (art. 11, inciso II, da Lei nº 8.429/1992):

> Art. 11. Constitui ato de improbidade administrativa que atenta contra os princípios da administração pública qualquer ação ou omissão que viole os deveres de honestidade, imparcialidade, legalidade, e lealdade às instituições, e notadamente: [...]
>
> II - retardar ou deixar de praticar, indevidamente, ato de ofício.

4.1.1.1.1 Competência da Controladoria-Geral da União

No âmbito do Poder Executivo federal, a Controladoria-Geral da União – CGU terá competência concorrente para instaurar os processos administrativos ou para avocar aqueles instaurados para exame de sua regularidade ou para corrigir seu andamento.[222]

A competência concorrente será exercida pela CGU a pedido do órgão ou entidade lesada.[223] Já a avocação, por certo, independe da vontade do órgão ou entidade lesada.

Em ambas as hipóteses, o PAR terá continuidade a partir da fase em que se encontra, podendo, entretanto, ser designada nova comissão apuradora. Em assim sendo, cabe o aproveitamento de todas as provas já carreadas aos autos antes do ingresso da CGU no processo, salvo as eivadas de nulidade absoluta.[224]

---

[222] §2º do art. 8º da Lei Anticorrupção.
[223] §2º do art. 3º da Portaria CGU/PR nº 910/2015.
[224] Art. 7º da Portaria CGU/PR nº 910/2015.

4.1.1.1.1.1 Responsabilidade pelo julgamento

A Lei Anticorrupção não é clara acerca da atuação da CGU nesses casos, pois deixa dúvidas se sua competência limita-se à instauração e à condução do processo ou se cabe também julgá-los.

Quando se refere a ilícito contra a administração pública estrangeira, a norma expressamente atribui à CGU a competência para "julgar".[225] Isso estaria a indicar que a ausência de menção legal a essa atribuição para os demais procedimentos seria eloquente no sentido de que não caberia à CGU julgá-los.

Entendimento diverso, entretanto, pode ser extraído do disposto no §1º do art. 18 da Lei nº 10.683/2003, que dispõe sobre a organização da Presidência da República:

> À Controladoria-Geral da União, por seu titular, sempre que constatar omissão da autoridade competente, cumpre requisitar a instauração de sindicância, procedimentos e processos administrativos outros, e avocar aqueles já em curso em órgão ou entidade da Administração Pública Federal, *para corrigir-lhes o andamento, inclusive promovendo a aplicação da penalidade administrativa cabível* (grifou-se).

Ou seja, por meio dessa lei foi conferida à Controladoria-Geral da União a competência para julgar processos administrativos em geral, incluindo os previstos na Lei Anticorrupção.

Essa posição parece ter sido incorporada pelo Decreto nº 8.420/2015, o qual dispõe explicitamente que cabe à CGU aplicar as penalidades cabíveis em todos os processos em que atuar.[226]

4.1.1.1.1.2 Condições para a atuação da CGU

As condições para que a CGU instaure e julgue os processos no bojo de sua competência concorrente ou os avoque são:

> I - caracterização de omissão da autoridade originariamente competente;
> II - inexistência de condições objetivas para sua realização no órgão ou entidade de origem;
> complexidade, repercussão e relevância da matéria;

---

[225] Art. 9º da Lei Anticorrupção.
[226] Art. 13, incisos I e II.

III - valor dos contratos mantidos pela pessoa jurídica com o órgão ou entidade atingida;
IV - apuração que envolva atos e fatos relacionados a mais de um órgão ou entidade da administração pública federal.[227]

Em ocorrendo alguma dessas hipóteses, ficam os órgãos e entidades da administração pública obrigados a encaminhar à CGU todos os documentos e informações que lhes forem solicitados, incluídos os autos originais dos processos que eventualmente estejam em curso.[228]

4.1.1.1.1.3 Fiscalização

Compete à Corregedoria-Geral da União[229] instaurar procedimento disciplinar, ou, conforme o caso, propor ao Ministro de Estado Chefe da CGU que represente o Presidente da República, para apuração da responsabilidade de autoridade omissa quanto à instauração de PAR.

Cabe, ainda, à Corregedoria-Geral da União, acompanhar e supervisionar a atividade de responsabilização administrativa de pessoa jurídica exercida pelos órgãos e entidades do Poder Executivo federal. Para tanto, pode realizar visitas técnicas e inspeções nos órgãos e entidades sob sua supervisão com a finalidade de orientar e avaliar a atividade de responsabilização.[230]

4.1.1.1.1.4 Administração pública estrangeira

O Brasil é signatário da Convenção sobre o Combate da Corrupção de Funcionários Públicos Estrangeiros em Transações Comerciais Internacionais da Organização para a Cooperação e Desenvolvimento Econômico (OCDE).

No Brasil, a CGU é o órgão encarregado do acompanhamento da implantação da referida Convenção, no cumprimento das obrigações internacionais assumidas pelo Estado Brasileiro. Em sendo assim, lhe compete a apuração, o processo e o julgamento dos atos ilícitos previstos na Lei Anticorrupção praticados contra a administração pública estrangeira.[231]

---

[227] Art. 13, §1º, incisos I a IV, do Decreto nº 8.420/2015.
[228] §2º do art. 13 do Decreto nº 8.420/2015.
[229] Vinculado à CGU.
[230] Art. 25 da Portaria CGU/PR nº 910/2015.
[231] Art. 9º da Lei Anticorrupção e art. 14 do Decreto nº 8.420/2015.

4.1.2 Investigação preliminar

Consoante o Decreto nº 8.420/2015,[232] a autoridade competente para instauração do PAR, ao tomar ciência da possível ocorrência de ato lesivo à administração pública federal, em juízo de admissibilidade e mediante despacho fundamentado, decidirá:

I - pela abertura de investigação preliminar;
II - pela instauração de PAR;
III - pelo arquivamento da matéria.

Ou seja, a norma infralegal permite a realização de investigação preliminar quando a autoridade verificar indícios da existência de ilícitos – o que afasta a possibilidade de arquivamento da matéria –, mas necessita de maiores elementos para decidir pela instauração do processo de responsabilização.

A investigação preliminar terá caráter sigiloso e não punitivo e será destinada à apuração de indícios de autoria e materialidade de atos lesivos à administração pública federal.

O procedimento será conduzido por comissão composta por dois ou mais servidores efetivos[233] ou dois ou mais empregados públicos, no caso dos quadros funcionais da entidade não serem compostos por servidores estatutários.

O prazo para conclusão da investigação não deverá exceder sessenta dias e poderá ser prorrogado por igual período, mediante solicitação justificada do presidente da comissão à autoridade instauradora.

Ao final da investigação preliminar deverão ser enviadas à autoridade competente as informações obtidas, acompanhadas de relatório conclusivo acerca da existência de indícios de autoria e materialidade de atos praticados contra a administração pública federal, para decisão sobre a instauração do PAR.

---

[232] Art. 4º.
[233] Constituição Federal, art. 41: São estáveis, após três anos de efetivo exercício, os servidores nomeados para cargo de provimento efetivo em virtude de concurso público.

4.1.3 Processo Administrativo de Responsabilização (PAR)

4.1.3.1 Considerações gerais

A Lei Anticorrupção e suas normas regulamentadoras não explicitam se será instaurado Processo Administrativo de Responsabilização – PAR para cada ato lesivo; para todos os atos lesivos referentes a um contrato ou se para o conjunto de atos lesivos praticados pela pessoa jurídica:

PAR		por ato ilícito
PAR		pelos atos ilícitos referentes a um contrato
PAR		pelo conjunto de atos ilícitos praticados pela mesma pessoa jurídica

A matéria parece estar submetida à avaliação discricionária da autoridade julgadora, a qual poderá utilizar o conceito processual do direito processual penal para a avaliação de mais de um ato lesivo em um mesmo processo:

> Art. 76. A competência será determinada pela conexão:
> I - se, ocorrendo duas ou mais infrações, houverem sido praticadas, ao mesmo tempo, por várias pessoas reunidas, ou por várias pessoas em concurso, embora diverso o tempo e o lugar, ou por várias pessoas, umas contra as outras;
> II - se, no mesmo caso, houverem sido umas praticadas para facilitar ou ocultar as outras, ou para conseguir impunidade ou vantagem em relação a qualquer delas;
> III - quando a prova de uma infração ou de qualquer de suas circunstâncias elementares influir na prova de outra infração (Código de Processo Penal).

Aplicável, ainda, o seguinte preceito do art. 55 do Novo Código de Processo Civil:

> §3º Serão reunidos para julgamento conjunto, os processos que possam gerar risco de prolação de decisões conflitantes ou contraditórias, caso decididos separadamente, mesmo sem conexão entre eles.

De qualquer forma, independentemente da quantidade de PAR instaurados, o conjunto das sanções aplicadas deve guardar compatibilidade com a gravidade dos atos ilícitos apurados. Ademais, a opção processual de apreciação dos ilícitos não deve repercutir no total da reprimenda sofrida pela pessoa jurídica. Ou seja, determinada conduta deve ser objeto de idênticas sanções caso seja apreciada isoladamente ou em conjunto com outras condutas.

4.1.3.1.1 Comissão responsável

No ato de instauração do PAR, a autoridade deverá designar comissão composta por dois ou mais servidores efetivos ou dois ou mais empregados públicos, no caso dos seus quadros funcionais não serem compostos por servidores estatutários.[234]

A diferença em relação à composição da comissão de investigação preliminar reside na constatação de que, consoante exigência do Decreto nº 8.420/2015, os empregados públicos, devem, preferencialmente, possuir, no mínimo, três anos de tempo de serviço na entidade em face da qual foi praticado o ato ilícito.

A comissão será responsável pela condução do processo administrativo e deverá exercer suas atividades com independência e imparcialidade.[235]

Os integrantes da comissão deverão observar as hipóteses de impedimento e suspeição previstas na Lei nº 9.784/1999:

> Art. 18. É impedido de atuar em processo administrativo o servidor ou autoridade que:
>
> I - tenha interesse direto ou indireto na matéria;
>
> II - tenha participado ou venha a participar como perito, testemunha ou representante, ou se tais situações ocorrem quanto ao cônjuge, companheiro ou parente e afins até o terceiro grau;
>
> III - esteja litigando judicial ou administrativamente com o interessado ou respectivo cônjuge ou companheiro.
>
> [...]
>
> Art. 20. Pode ser arguida a suspeição de autoridade ou servidor que tenha amizade íntima ou inimizade notória com algum dos interessados ou com os respectivos cônjuges, companheiros, parentes e afins até o terceiro grau.

---

[234] Art. 10 da Lei Anticorrupção e art. 5º do Decreto nº 8.420/2015.
[235] Art. 6º do Decreto nº 8.420/2015.

4.1.3.1.2 Sigilo

A administração pública está sujeita ao princípio da publicidade, o qual envolve diversas ações no sentido de dar transparência ao trato da coisa pública.

Nessa linha, o acesso à informação de interesse particular ou de interesse coletivo ou geral está alçado à condição de direito fundamental (art. 5º, inciso XXXIII, da Constituição Federal)[236] e foi regulamentado pela Lei nº 12.527/2011 (Lei de Acesso à Informação).[237]

Entretanto, em determinadas situações excepcionais, é permitido que determinados atos sejam realizados e mantidos em sigilo. O art. 6º do Decreto nº 8.420/2015 estabelece as seguintes hipóteses em que isso pode acontecer no âmbito do PAR:

> I - quando necessário à elucidação do fato;
> II - para preservar a imagem dos envolvidos,
> III - quando exigido pelo interesse da administração pública.[238]

Por certo, essas hipóteses de decretação de sigilo devem guardar consonância com as normas constitucionais e legais.

Assim, o sigilo necessário à elucidação dos fatos deve ocorrer somente enquanto houver necessidade para tanto, devendo o ato ser publicizado logo que possível.[239]

Já o sigilo para a preservação da imagem dos envolvidos somente deve ocorrer nos limites traçados pelo art. 31 da Lei nº 12.527/2011:

> O tratamento das informações pessoais deve ser feito de forma transparente e com respeito à intimidade, vida privada, honra e imagem das pessoas, bem como às liberdades e garantias individuais.

Já a terceira hipótese de sigilo deve estar restrita às situações previstas no art. 23 da Lei nº 12.527/2011:

---

[236] XXXIII - todos têm direito a receber dos órgãos públicos informações de seu interesse particular, ou de interesse coletivo ou geral, que serão prestadas no prazo da lei, sob pena de responsabilidade, ressalvadas aquelas cujo sigilo seja imprescindível à segurança da sociedade e do Estado.

[237] Regula o acesso a informações previsto no inciso XXXIII do art. 5º, no inciso II do §3º do art. 37 e no §2º do art. 216 da Constituição Federal.

[238] Art. 6º do Decreto nº 8.420/2015.

[239] Esse sigilo está amparado no art. 23, inciso VIII, da Lei de Acesso à Informação.

São consideradas imprescindíveis à segurança da sociedade ou do Estado e, portanto, passíveis de classificação, as informações cuja divulgação ou acesso irrestrito possam:

I - pôr em risco a defesa e a soberania nacionais ou a integridade do território nacional;

II - prejudicar ou pôr em risco a condução de negociações ou as relações internacionais do País, ou as que tenham sido fornecidas em caráter sigiloso por outros Estados e organismos internacionais;

III - pôr em risco a vida, a segurança ou a saúde da população;

IV - oferecer elevado risco à estabilidade financeira, econômica ou monetária do País;

V - prejudicar ou causar risco a planos ou operações estratégicos das Forças Armadas;

VI - prejudicar ou causar risco a projetos de pesquisa e desenvolvimento científico ou tecnológico, assim como a sistemas, bens, instalações ou áreas de interesse estratégico nacional;

VII - pôr em risco a segurança de instituições ou de altas autoridades nacionais ou estrangeiras e seus familiares; ou

VIII - comprometer atividades de inteligência, bem como de investigação ou fiscalização em andamento, relacionadas com a prevenção ou a repressão de infrações.

Por certo, todas as hipóteses de sigilo aplicáveis no âmbito do PAR não podem prejudicar o direito à ampla defesa e ao contraditório, de forma que as pessoas jurídicas acusadas devem possuir acesso ilimitado aos autos do processo administrativo a partir do momento em que forem instadas a se manifestar.

4.1.3.1.3 Prazo

A comissão deverá concluir o processo no prazo de 180 dias, contados da data da publicação do ato que a instituir. Esse prazo previsto poderá ser prorrogado, mediante ato fundamentado da autoridade instauradora.[240]

Não há disposição normativa acerca da possibilidade de mais de uma prorrogação. Entende-se, entretanto, que é possível, caso esteja devidamente demonstrada a necessidade para tanto.

---

[240] §§3º e 4º do art. 10 da Lei Anticorrupção e art. 9º do Decreto nº 8.420/2015.

4.1.3.1.4 Contagem dos prazos

A contagem dos prazos observará o disposto no capítulo XVI da Lei nº 9.784/1999:

> Art. 66. Os prazos começam a correr a partir da data da cientificação oficial, excluindo-se da contagem o dia do começo e incluindo-se o do vencimento.
> §1º Considera-se prorrogado o prazo até o primeiro dia útil seguinte se o vencimento cair em dia em que não houver expediente ou este for encerrado antes da hora normal.
> §2º Os prazos expressos em dias contam-se de modo contínuo.
> §3º Os prazos fixados em meses ou anos contam-se de data a data. Se no mês do vencimento não houver o dia equivalente àquele do início do prazo, tem-se como termo o último dia do mês.
> Art. 67. Salvo motivo de força maior devidamente comprovado, os prazos processuais não se suspendem.[241]

Quando ocorrer a publicação de edital, o prazo começa a contar a partir da publicação do último, quer na imprensa oficial quer em jornal de grande circulação.

4.1.3.1.5 Medida cautelar

A comissão poderá, cautelarmente, propor à autoridade instauradora que suspenda os efeitos do ato ou processo objeto da investigação.[242]

As medidas cautelares buscam assegurar a efetividade do processo, garantindo que a prestação jurisdicional não tenha um resultado inútil.

Por ser uma medida que eventualmente afetará direitos subjetivos das partes, ela deve ser adotada em caráter excepcional e de acordo com os requisitos previstos em lei.

Consoante a Lei nº 9.784/1999:

> *Em caso de risco iminente*, a Administração Pública poderá motivadamente adotar providências acauteladoras sem a prévia manifestação do interessado (grifou-se).[243]

---

[241] Art. 7º do Decreto nº 8.420/2015.
[242] §2º do art. 10 da Lei Anticorrupção e §2º, inciso I, do art. 9º do Decreto nº 8.420/2015.
[243] Art. 45.

O Novo Código de Processo Civil assim dispõe:

A petição inicial da ação que visa à prestação de tutela cautelar em caráter antecedente indicará a lide e seu fundamento, a exposição sumária do direito que se objetiva assegurar e *o perigo de dano ou o risco ao resultado útil do processo* (grifou-se).[244]

Ou seja, somente em caso de risco de dano iminente, devidamente justificado, caberá a adoção da mencionada medida cautelar.

4.1.3.1.6 Administração pública estrangeira

O PAR instaurado para apurar a prática de atos lesivos à administração pública estrangeira seguirá, no que couber, o rito procedimental previsto para a apuração dos demais atos previstos na Lei Anticorrupção.[245]

4.1.3.1.7 Atos processuais

Os atos processuais poderão ser realizados por meio de videoconferência ou outro recurso tecnológico de transmissão de sons e imagens em tempo real, assegurado o direito ao contraditório e à ampla defesa.[246]

4.1.3.1.1.1 Realização das intimações

As intimações serão feitas por meio eletrônico, via postal ou por qualquer outro meio que assegure a certeza de ciência da pessoa jurídica acusada.[247] Ou seja, a norma não fixou regras rígidas para a intimação, desde que seja alcançado o fim proposto.[248]

De acordo com as oportunidades propiciadas pelo uso de tecnologia da informação, foi prevista a possibilidade de intimação por meio eletrônico. Cabe, entretanto, a ulterior regulamentação da utilização dessa forma de intimação, com o intuito de garantir a comprovação da

---

[244] Art. 305.
[245] Art. 24 da Portaria CGU/PR nº 910/2015.
[246] Parágrafo único do art. 14 da Portaria CGU/PR nº 910/2015.
[247] Art. 7º do Decreto nº 8.420/2015.
[248] Trata-se de procedimento semelhante ao previsto na Lei nº 9.784/1999, art. 26, §3º.

ciência por parte da pessoa jurídica. O Novo Código de Processo Civil traz interessantes disposições sobre a matéria:

> Art. 231. Salvo disposição em sentido diverso, considera-se dia do começo do prazo:
> V - o dia útil seguinte à consulta ao teor da citação ou da intimação ou ao término do prazo para que a consulta se dê, quando a citação ou a intimação for eletrônica;
> Art. 246. A citação será feita:
> V - por meio eletrônico, conforme regulado em lei.
> §1º Com exceção das microempresas e das empresas de pequeno porte, as empresas públicas e privadas são obrigadas a manter cadastro nos sistemas de processo em autos eletrônicos, para efeito de recebimento de citações e intimações, as quais serão efetuadas preferencialmente por esse meio.

Caso não tenha sido possível a realização da intimação nos termos precedentes, deverá ser feita nova intimação nos seguintes termos:

> I - por meio de edital publicado na imprensa oficial;
> II - no sítio eletrônico do órgão ou entidade pública responsável pela apuração do ilícito;
> III - em jornal de grande circulação no Estado da federação em que a pessoa jurídica tenha sede;

Na falta de maiores detalhamentos das normas específicas sobre a responsabilização da pessoa jurídica, são ainda aplicáveis as seguintes disposições da Lei nº 9.784/1999, art. 26:

> §1º A intimação deverá conter:
> I - identificação do intimado e nome do órgão ou entidade administrativa;
> II - finalidade da intimação;
> [...]
> V - informação da continuidade do processo independentemente do seu comparecimento;
> VI - indicação dos fatos e fundamentos legais pertinentes.
> §5º As intimações serão nulas quando feitas sem observância das prescrições legais, mas o comparecimento do administrado supre sua falta ou irregularidade.
> Art. 27. O desatendimento da intimação não importa o reconhecimento da verdade dos fatos, nem a renúncia a direito pelo administrado. [...]

Art. 28. Devem ser objeto de intimação os atos do processo que resultem para o interessado em imposição de deveres, ônus, sanções ou restrição ao exercício de direitos e atividades e os atos de outra natureza, de seu interesse.

4.1.3.1.1.1.1 Sociedade estrangeira

O Decreto nº 8.420/2015[249] estabelece, ainda, que, em se tratando de pessoa jurídica que não possua sede, filial ou representação no País, devem ser adotados dois procedimentos distintos para intimar a entidade:

> I - Em sendo desconhecida sua representação no exterior, adotar-se-á somente as duas primeiras medidas (publicação de edital e divulgação em sítio eletrônico);
>
> II - Em sendo conhecida a representação no exterior, entende-se que, adicionalmente devem ser adotadas as medidas iniciais (meio eletrônico ou via postal).

Há, entretanto, uma contradição entre essa norma infralegal e o disposto no parágrafo único do art. 1º da Lei Anticorrupção. Isso, porque, em relação às sociedades estrangeiras, a norma legal restringe seu âmbito de abrangência àquelas que tenham sede, filial ou representação no território brasileiro.

Dessa forma, com base nesse entendimento, conclui-se que essa disposição do Decreto nº 8.420/2015 não possui qualquer resultado prático.

4.1.3.2 Exercício do direito de defesa

A pessoa jurídica será representada no processo administrativo na forma do seu estatuto ou contrato social[250] e poderá acompanhar o PAR por meio de seus representantes legais ou procuradores, sendo-lhes assegurado amplo acesso aos autos.

As sociedades sem personalidade jurídica serão representadas pela pessoa a quem couber a administração de seus bens e a pessoa

---

[249] §2º do art. 7º.
[250] Art. 26 da Lei Anticorrupção.

jurídica estrangeira será representada pelo gerente, representante ou administrador de sua filial, agência ou sucursal aberta ou instalada no Brasil.

É vedada, entretanto, a retirada dos autos da repartição pública, sendo permitida a obtenção de cópias mediante requerimento.[251]

4.1.3.2.1 Intimação de abertura do PAR

Instalada a comissão, será a pessoa jurídica intimada da abertura do PAR para acompanhar todos os atos instrutórios e especificar eventuais provas que pretenda produzir.[252]

4.1.3.2.2 Intimação para apresentação de defesa escrita

Tipificado o ato lesivo, com a especificação dos fatos e respectivas provas, a comissão intimará a pessoa jurídica para apresentar defesa escrita.[253]

O prazo para a apresentação de defesa é de trinta dias, contados a partir da intimação.[254]

Transcorrido o prazo de defesa sem que a pessoa jurídica tenha se manifestado, a comissão procederá à elaboração do relatório final com base exclusivamente nas provas produzidas e juntadas ao PAR.[255]

4.1.3.2.3 Programa de integridade

Caso a pessoa jurídica apresente, em sua defesa, informações e documentos referentes à existência e ao funcionamento de programa de integridade, a comissão processante deverá examiná-los segundo os parâmetros indicados no capítulo IV do Decreto nº 8.420/2015, para a dosimetria das sanções a serem aplicadas.[256]

---

[251] Art. 8º do Decreto nº 8.420/2015.
[252] Art. 13 da Portaria CGU/PR nº 910/2015.
[253] Art. 16 da Portaria CGU/PR nº 910/2015.
[254] Art. 11 da Lei Anticorrupção.
[255] Parágrafo único do art. 17 da Portaria CGU/PR nº 910/2015.
[256] Art. 6º do Decreto nº 8.420/2015.

4.1.3.2.4 Intimação de juntada de provas novas

Caso haja a juntada de novas provas pela comissão, a pessoa jurídica poderá apresentar alegações escritas a respeito delas no prazo de dez dias, contados da intimação de juntada.[257]

4.1.3.2.5 Intimação para alegações finais

Concluído o relatório final, a comissão intimará a pessoa jurídica para, caso haja interesse, manifestar-se no prazo máximo de dez dias.[258] Essa possibilidade de apresentação de alegações finais, cabe destacar, não foi prevista expressamente na norma legal ou em seu decreto regulamentador, mas somente em norma de hierarquia inferior. Entretanto, como se trata de disposição que dá concretude ao princípio da ampla defesa, entende-se legítima a sua previsão.

4.1.3.3 Produção de provas

No prazo de sua defesa escrita, a pessoa jurídica deverá indicar eventuais provas que pretenda produzir.

Serão recusadas, mediante decisão fundamentada, provas propostas pela pessoa jurídica que sejam ilícitas, impertinentes, desnecessárias, protelatórias ou intempestivas.[259] Tampouco pode a comissão utilizar-se de provas ilícitas para justificar suas conclusões.[260]

A comissão procederá à instrução do PAR, podendo utilizar-se de todos os meios probatórios admitidos em lei, bem como realizar quaisquer diligências necessárias à elucidação dos fatos.[261] Em especial, a comissão, para o devido e regular exercício de suas funções, poderá:

> I - solicitar a atuação de especialistas com notório conhecimento, de órgãos e entidades públicos ou de outras organizações, para auxiliar na análise da matéria sob exame;[262]

---

[257] §2º do art. 5º do Decreto nº 8.420/2015 e art. 16, parágrafo segundo, da Portaria CGU/PR nº 910/2015.
[258] Art. 18 da Portaria CGU/PR nº 910/2015.
[259] §3º do art. 5º do Decreto nº 8.420/2015.
[260] Art. 30 da Lei nº 9.784/1999.
[261] Art. 14 da Portaria CGU/PR nº 910/2015.
[262] Inciso II do §2º do art. 9º do Decreto nº 8.420/2015.

II - solicitar ao órgão de representação judicial ou equivalente dos órgãos ou entidades lesados que requeira as medidas necessárias para a investigação e o processamento das infrações, inclusive de busca e apreensão, no País ou no exterior.[263]

Veja-se que a norma legal conferiu amplos poderes à comissão, inclusive para solicitar a adoção de medidas judiciais. Trata-se, sem dúvida, de prerrogativas não tradicionalmente conferidas em nosso ordenamento jurídico para aqueles responsáveis pela condução de processos administrativos.

Rompe-se, dessa forma, um paradigma, com a possibilidade de se conferir maior eficácia aos processos administrativos ao se permitir a utilização de instrumentos antes restritos aos processos judiciais de apuração de responsabilidades.

São aplicáveis, ainda, as seguintes disposições da Lei nº 9.784/1999:

I - cabe ao interessado a prova dos fatos que tenha alegado;

II - quando o interessado declarar que fatos e dados estão registrados em documentos existentes na própria Administração responsável pelo processo ou em outro órgão administrativo, o órgão competente para a instrução proverá, de ofício, à obtenção dos documentos ou das respectivas cópias;

III - o interessado poderá, na fase instrutória e antes da tomada da decisão, juntar documentos e pareceres, requerer diligências e perícias, bem como aduzir alegações referentes à matéria objeto do processo.

IV - os elementos probatórios deverão ser considerados na motivação do relatório e da decisão.[264]

4.1.3.4 Julgamento

Concluídos os trabalhos de apuração e análise, a comissão elaborará relatório a respeito dos fatos apurados e da eventual responsabilidade administrativa da pessoa jurídica, no qual sugerirá, de forma motivada, as sanções a serem aplicadas, a dosimetria da multa ou o arquivamento do processo.[265]

---

[263] §1º do art. 10 da Lei Anticorrupção e inciso III do §2º do art. 9º do Decreto nº 8.420/2015.
[264] Arts. 36 a 38.
[265] §3º do art. 8º do Decreto nº 8.420/2015.

Desse relatório, a pessoa jurídica será intimada para se manifestar voluntariamente.

Após o encerramento dos trabalhos pela comissão, o PAR será remetido para manifestação jurídica a ser elaborada pela Advocacia Pública ou pelo órgão de assistência jurídica, ou equivalente.[266]

Em sequência, o processo administrativo deverá ser remetido à autoridade instauradora para julgamento,[267] a qual deverá se basear nas provas produzidas no PAR, em especial, caso adote entendimento contrário ao da comissão.[268]

A decisão administrativa proferida pela autoridade competente ao final do PAR será publicada no Diário Oficial da União e no sítio eletrônico do respectivo órgão ou entidade.[269]

Encerrado o processo administrativo, será dado conhecimento ao Ministério Público de sua existência, para apuração de eventuais delitos no âmbito de sua esfera de atuação.[270]

Caso seja verificada a ocorrência de eventuais ilícitos a serem apurados em outras instâncias, o relatório da comissão será encaminhado, pela autoridade julgadora:

> I - à Advocacia-Geral da União e seus órgãos vinculados ou ao órgão de representação judicial equivalente;
> II - aos demais órgãos competentes, conforme o caso.[271]

A pessoa jurídica contra a qual foram impostas sanções no PAR e que não apresentar pedido de reconsideração deverá cumpri-las no prazo de trinta dias, contado do fim do prazo para interposição do pedido de reconsideração.[272]

4.1.3.4.1 Administração pública estrangeira

Nesse caso, há expressa disposição normativa[273] no sentido de que a decisão acerca da instauração, condução e encerramento da

---

[266] §2º do art. 6º da Lei Anticorrupção, §4º do art. 9º do Decreto nº 8.420/2015.
[267] Art. 12 da Lei Anticorrupção.
[268] §6º do art. 9º do Decreto nº 8.420/2015.
[269] Art. 21 da Portaria CGU/PR nº 910/2015.
[270] Art. 15 da Lei Anticorrupção.
[271] §5º do art. 9º do Decreto nº 8.420/2015 e art. 22 da Portaria CGU/PR nº 910/2015.
[272] §1º do art. 11 do Decreto nº 8.420/2015.
[273] Artigo 5º da Convenção sobre o Combate da Corrupção de Funcionários Públicos Estrangeiros em Transações Comerciais Internacionais.

investigação preliminar, do PAR e do acordo de leniência, não poderá ser influenciada:

I - por considerações de interesse econômico nacional;
II - pelo efeito potencial nas relações do Brasil com outros estados estrangeiros;
III - pela identidade de pessoas físicas ou jurídicas envolvidas.

4.1.3.5 Pedido de reconsideração

Eventualmente, os administrados podem considerar-se prejudicados com o conteúdo de determinada decisão da administração. Nessas situações, de acordo com os princípios que regem os procedimentos administrativos, dentre eles o da *ampla defesa*, o ordenamento jurídico possibilita ao administrado potencialmente prejudicado o direito de ter a decisão reavaliada. Essa reavaliação, em regra, ocorre mediante a interposição de recurso pela parte interessada.

O julgamento do PAR cabe à autoridade máxima de cada órgão ou entidade contra a qual foi praticado o ato lesivo. Assim, como essas autoridades se encontram no topo da pirâmide hierárquica das administrações de cada ente federativo, não cabe, em regra, falar de recurso hierárquico dirigido à autoridade superior àquela que praticou o ato.

Nessa linha, da decisão administrativa sancionadora, cabe pedido de reconsideração com *efeito suspensivo*, no prazo de dez dias, contado da data de publicação da decisão.[274]

A autoridade julgadora terá o prazo de trinta dias para decidir sobre a matéria alegada no pedido de reconsideração e publicar nova decisão.[275]

Mantida a decisão administrativa sancionadora, será concedido à pessoa jurídica novo prazo de trinta dias para cumprimento das sanções que lhe foram impostas, contado da data de publicação da nova decisão.[276]

Em assim não ocorrendo, poderão ser adotadas medidas judiciais para a cobrança da multa e a promoção da publicação extraordinária.[277]

---

[274] Art. 10 do Decreto nº 8.420/2015.
[275] §2º do art. 11 do Decreto nº 8.420/2015.
[276] §3º do art. 11 do Decreto nº 8.420/2015.
[277] Art. 26 do Decreto nº 8.420/2015.

4.1.3.6 Normas de licitações e contratos

A Lei Anticorrupção expressamente estabelece que sua aplicação não afeta a responsabilização por atos ilícitos alcançados pelos diplomas que versem sobre licitações e contratos administrativos.[278]

Os atos ilícitos previstos nas normas de licitações são:

Lei nº 8.666/1993 (arts. 81 e 86 a 88)

I - recusa injustificada do adjudicatário em assinar o contrato, aceitar ou retirar o instrumento equivalente;

II - atraso injustificado na execução do contrato;

III - inexecução total ou parcial do contrato;

IV - prática dolosa, confirmada em decisão definitiva, de fraude fiscal no recolhimento de quaisquer tributos;

V - prática de atos ilícitos visando frustrar os objetivos da licitação;

VI - prática de atos ilícitos indicativos de ausência de idoneidade para contratar com a administração.

Lei nº 10.520/2002 – Lei do Pregão (art. 7º)

I - não celebrar o contrato depois de convocado dentro do prazo de validade da sua proposta;

II - deixar de entregar ou apresentar documentação falsa exigida para o certame;

III - ensejar o retardamento da execução de seu objeto;

IV - não mantiver a proposta;

V - falhar ou fraudar na execução do contrato;

VI - comportar-se de modo inidôneo ou cometer fraude fiscal.

Lei nº 12.462/2011 – Regime Diferenciado de Contratação (art. 47)

I - deixar de entregar a documentação exigida para o certame ou apresentar documento falso;

II - ensejar o *retardamento da execução ou da entrega do objeto* da licitação sem motivo justificado;

III - não mantiver a proposta, salvo se em decorrência de fato superveniente, devidamente justificado;

IV - fraudar a licitação ou praticar atos fraudulentos na execução do contrato.

---

[278] Art. 30, inciso II.

Lei nº 13.303/2016 – Estatuto Jurídico das Empresas Estatais (arts. 82 a 84)
I – atraso injustificado na execução do contrato;
II – inexecução total ou parcial do contrato;
III – fraude fiscal no recolhimento de quaisquer tributos;
IV – atos ilícitos visando a frustrar os objetivos da licitação;

4.1.3.6.1 Apuração em conjunto

É possível que os atos previstos como infrações administrativas às normas de licitações e contratos da administração pública *também sejam tipificados como atos lesivos na Lei Anticorrupção*. Nesse caso, há a previsão de que os atos serão apurados e julgados conjuntamente, nos mesmos autos, aplicando-se o rito procedimental previsto para a Lei Anticorrupção:

> Decreto nº 8.420/2015
> Art. 12. Os atos previstos como infrações administrativas à *Lei nº 8.666, de 21 de junho de 1993*, ou a outras normas de licitações e contratos da administração pública *que também sejam tipificados como atos lesivos* na *Lei nº 12.846, de 2013*, serão apurados e julgados conjuntamente, nos mesmos autos, aplicando-se o rito procedimental previsto neste Capítulo.
> [...]
> Art. 16. Caso os atos lesivos apurados envolvam infrações administrativas à *Lei nº 8.666, de 1993*, ou a outras normas de licitações e contratos da administração pública e tenha ocorrido a apuração conjunta prevista no art. 12, a pessoa jurídica também estará sujeita a sanções administrativas que tenham *como efeito restrição ao direito de participar em licitações ou de celebrar contratos com a administração* pública, a serem aplicadas no PAR (grifou-se).

A junção dos procedimentos de apuração trata-se, sem dúvida, de medida salutar, uma vez que racionaliza os esforços da administração pública e evita a existência de decisões contraditórias.

Veja-se que, de acordo com o disposto nessas disposições do Decreto nº 8.420/2015, não é qualquer infração prevista nas leis de licitações que poderá ser apreciada no bojo do PAR.

Primeiro, deve haver a dupla tipificação, ou seja, o ato ilícito deve configurar infração à Lei Anticorrupção e às normas de licitações.

Segundo, a sanção aplicável com base na norma de licitações deve consistir em restrições ao direito de participar em licitações ou celebrar contratos. O quadro a seguir demonstra as sanções da espécie:

Quadro 2: Sanções de caráter restritivo à participação em licitações previstas em normas de contratações públicas.

Abrangência	Prazo
Lei nº 8.666/1993 (arts. 6º e 87)	
Suspensão Temporária	
Órgão ou entidade aplicador da sanção	Até 2 anos
Declaração de Inidoneidade	
Administração direta e indireta da União, dos estados, do Distrito Federal e dos municípios	Mínimo 2 anos até a reabilitação
Pregão (art. 7º da Lei nº 10.520/2002)	
Ente da Federação aplicador da sanção	Até 5 anos
Regime Diferenciado de Contratação (art. 15 da Lei nº 12.462/2011)	
Ente da Federação aplicador da sanção	Até 5 anos
Estatuto Jurídico das Empresas Estatais (art. 83 da Lei nº 13.303/2016)	
Entidade sancionadora	Até 2 anos

Na verdade, essas condições se comunicam em parte, pois a Lei Anticorrupção descreve condutas típicas de considerável gravidade, enquanto as leis de licitações possuem um leque mais amplo, abrangendo também condutas ilícitas de reduzida gravidade. Assim, somente as condutas mais reprováveis previstas nas normas de licitações – e para as quais cabe a aplicação das sanções de restrições a contratações futuras – serão também enquadráveis na Lei Anticorrupção.

Por consequência, as condutas menos graves previstas nos estatutos de licitações não devem ser apuradas no bojo do procedimento da Lei Anticorrupção. Com efeito, não parece ser o espírito da Lei Anticorrupção, abarcar essas condutas menos gravosas que, no mais das vezes, consistirão em *meros inadimplementos contratuais*.

Para essas condutas menos graves, a Lei nº 8.666/1993, por exemplo, prevê a aplicação das sanções de multa e advertência. Entretanto, não pode ser descartada a hipótese de aplicação da sanção de suspensão de impedimento para participar de licitações e contratar para condutas que não se enquadram na Lei Anticorrupção, pois essas sanções, conforme o caso, podem ser aplicadas em razão da simples inexecução contratual, sem a necessária ocorrência de fraude ou outro comportamento ardiloso.

4.1.3.6.1.1 Procedimento

O chefe da unidade responsável pela gestão de licitações e contratos, no órgão ou entidade, deve comunicar à autoridade competente, para o julgamento do PAR, sobre eventuais fatos que configurem atos lesivos previstos na Lei Anticorrupção.[279]

Em regra, as apurações de infrações às normas de licitações públicas são apuradas mediante a instauração de *um procedimento por contrato firmado*, podendo envolver um ou mais atos ilícitos. Entretanto, em havendo a dupla tipificação, é possível que a apuração de infrações às normas de licitação ocorra de forma diversa, pois o art. 12 do Decreto nº 8.420/2015 estabelece que deverá ser seguido o rito previsto nas normas anticorrupção.

4.1.3.6.1.2 Autoridades competentes

Entretanto, as autoridades competentes, para a aplicação das sanções previstas nas normas de licitações,[280] não necessariamente se identificam com aquelas da Lei Anticorrupção.

Em sendo assim, concluída a apuração e havendo autoridades competentes distintas para julgamento, o processo será encaminhado primeiramente àquela de nível mais elevado, para que julgue no âmbito de sua competência, tendo precedência o julgamento pelo Ministro de Estado responsável pela área em que ocorreu o ilícito.[281] Posteriormente, o processo será encaminhado à segunda autoridade de nível mais elevado, para que julgue o processo na sua esfera de competência.

A existência de autoridades distintas para julgamento também provocará a existência de ritos recursais distintos. Isso porque a autoridade competente para apreciar recurso contra sanção baseada nas normas de licitações poderá ser diversa daquela competente para a apreciação de impugnação contra sanção aplicada com base na Lei

---

[279] §2º do art. 12 do Decreto nº 8.420/2015.
[280] A Lei nº 8.666/1993 (§3º, art. 87), por exemplo, estabelece que a autoridade competente variará de acordo com a natureza da sanção a ser aplicada.
[281] §1º do art. 12 do Decreto nº 8.420/2015.

Anticorrupção. Nesse caso, deverá ser adotado procedimento similar àquele previsto para o julgamento em que foi aplicada a sanção. Ou seja, encaminha-se o processo sucessivamente para a autoridade competente para cada ato.

4.2 Responsabilização judicial

Em razão da prática dos atos previstos na lei, poderá ser interposta ação judicial para a aplicação das sanções pertinentes à pessoa jurídica infratora.

Possuem legitimidade ativa para ajuizar ação, dentro de cada esfera de atuação, a União, os Estados, o Distrito Federal e os Municípios, por meio das respectivas Advocacias Públicas ou órgãos de representação judicial, ou equivalentes, e o Ministério Público.[282]

4.2.1 Ação subsidiária

Constatada a omissão das autoridades competentes para promover a responsabilização administrativa, poderão ser aplicadas judicialmente as sanções previstas mediante procedimento administrativo. Isso, entretanto, somente pode ocorrer nas ações ajuizadas pelo Ministério Público.[283]

Esse procedimento, por certo, não afasta a necessidade de apuração das responsabilidades daqueles que deram causa à referida omissão. Ademais, a omissão, como comportamento ilícito negligente, não deve ser confundida com entendimento divergente das conclusões adotadas em procedimento administrativo.

Ou seja, não cabe o exercício dessa competência subsidiária caso o Ministério Público simplesmente divirja das conclusões adotadas pela autoridade administrativa.

4.2.1.1 Rito processual

Nas ações judiciais será adotado o rito previsto na Lei nº 7.347/ 1985, a qual disciplina a ação civil pública.[284] Da disciplina dessa lei, cabe destacar os seguintes pontos:

---

[282] Art. 19 da Lei Anticorrupção.
[283] Art. 20 da Lei Anticorrupção.
[284] Art. 21 da Lei Anticorrupção.

[...]

Art. 2º As ações previstas nesta Lei serão propostas no foro do local onde ocorrer o dano, cujo juízo terá competência funcional para processar e julgar a causa.

Parágrafo único. A propositura da ação prevenirá a jurisdição do juízo para todas as ações posteriormente intentadas que possuam a mesma causa de pedir ou o mesmo objeto.

[...]

Art. 5º [...]

§1º O Ministério Público, se não intervier no processo como parte, atuará obrigatoriamente como fiscal da lei.

Art. 6º Qualquer pessoa poderá e o servidor público deverá provocar a iniciativa do Ministério Público, ministrando-lhe informações sobre fatos que constituam objeto da ação civil e indicando-lhe os elementos de convicção.

Art. 7º Se, no exercício de suas funções, os juízes e tribunais tiverem conhecimento de fatos que possam ensejar a propositura da ação civil, remeterão peças ao Ministério Público para as providências cabíveis.

Art. 8º Para instruir a inicial, o interessado poderá requerer às autoridades competentes as certidões e informações que julgar necessárias, a serem fornecidas no prazo de 15 (quinze) dias.

§1º O Ministério Público poderá instaurar, sob sua presidência, inquérito civil, ou requisitar, de qualquer organismo público ou particular, certidões, informações, exames ou perícias, no prazo que assinalar, o qual não poderá ser inferior a 10 (dez) dias úteis.

§2º Somente nos casos em que a lei impuser sigilo, poderá ser negada certidão ou informação, hipótese em que a ação poderá ser proposta desacompanhada daqueles documentos, cabendo ao juiz requisitá-los.

[...]

Art. 14. O juiz poderá conferir efeito suspensivo aos recursos, para evitar dano irreparável à parte.

[...]

Art. 16. A sentença civil fará coisa julgada erga omnes, nos limites da competência territorial do órgão prolator, exceto se o pedido for julgado improcedente por insuficiência de provas, hipótese em que qualquer legitimado poderá intentar outra ação com idêntico fundamento, valendo-se de nova prova [...].

4.2.1.2 Medida cautelar

Poderá ser requerida a *indisponibilidade de bens, direitos ou valores necessários* à garantia do pagamento da multa ou à reparação integral do dano causado, ressalvado o direito do terceiro de boa-fé.[285]

4.2.2 Objeto da medida cautelar

A concessão da medida cautelar deve ter por objeto o ressarcimento do dano sofrido pela administração pública ou o pagamento da multa aplicada. A definição desses valores pode ocorrer nos âmbitos administrativo ou judicial.

Assim, para o dano ou multa fixados administrativamente, a concessão da medida cautelar ocorrerá em processo de execução fundado em título extrajudicial.

Caso o dano e a multa sejam objeto de apuração judicial, a medida cautelar será incidental ao processo principal.

4.2.3 Requisitos da medida cautelar

No âmbito do Novo Código de Processo Civil são estabelecidos como requisitos da concessão da tutela de urgência a existência de *periculum in mora* e *fumus bonis juris*:

> Art. 300. A tutela de urgência será concedida quando houver elementos que evidenciem a probabilidade do direito e o perigo de dano ou o risco ao resultado útil do processo.
>
> §1º Para a concessão da tutela de urgência, o juiz pode, conforme o caso, exigir caução real ou fidejussória idônea para ressarcir os danos que a outra parte possa vir a sofrer, podendo a caução ser dispensada se a parte economicamente hipossuficiente não puder oferecê-la.
>
> §2º A tutela de urgência pode ser concedida liminarmente ou após justificação prévia.
>
> §3º A tutela de urgência de natureza antecipada não será concedida quando houver perigo de irreversibilidade dos efeitos da decisão.
>
> Art. 301. A tutela de urgência de natureza cautelar pode ser efetivada mediante arresto, sequestro, arrolamento de bens, registro de protesto contra alienação de bem e qualquer outra medida idônea para asseguração do direito.

---

[285] §4º do art. 19 da Lei Anticorrupção.

A Lei de Improbidade Administrativa, por sua vez, estabelece que:

> Art. 7º Quando o ato de improbidade *causar lesão ao patrimônio público ou ensejar enriquecimento ilícito*, caberá a autoridade administrativa responsável pelo inquérito representar ao Ministério Público, para a indisponibilidade dos bens do indiciado.
> Parágrafo único. A indisponibilidade a que se refere o caput deste artigo recairá sobre bens que assegurem o integral ressarcimento do dano, ou sobre o acréscimo patrimonial resultante do enriquecimento ilícito (grifou-se).[286]

Veja-se que essa norma não estabelece a presença expressa da existência de *periculum in mora* convencional – perigo de dano ou risco ao resultado útil do processo – para a concessão da medida, o que possivelmente levou ao entendimento do Superior Tribunal de Justiça de que:

> As medidas cautelares, em regra, como tutelas emergenciais, exigem, para a sua concessão, o cumprimento de dois requisitos: o *fumus boni juris* (plausibilidade do direito alegado) e o *periculum in mora* (fundado receio de que a outra parte, antes do julgamento da lide, cause ao seu direito lesão grave ou de difícil reparação).
> No caso da medida cautelar de indisponibilidade, prevista no art. 7º da LIA, não se vislumbra uma típica tutela de urgência, como descrito acima, mas sim uma tutela de evidência, uma vez que o periculum in mora não é oriundo da intenção do agente dilapidar seu patrimônio, e sim da gravidade dos fatos e do montante do prejuízo causado ao erário, o que atinge toda a coletividade. O próprio legislador dispensa a demonstração do perigo de dano, em vista da redação imperativa da Constituição Federal (art. 37, §4º) e da própria Lei de Improbidade (art. 7º). [...]
> *O periculum in mora, em verdade, milita em favor da sociedade, representada pelo requerente da medida de bloqueio de bens, porquanto esta Corte Superior já apontou pelo entendimento segundo o qual, em casos de indisponibilidade patrimonial por imputação de conduta ímproba lesiva ao erário, esse requisito é implícito ao comando normativo do art. 7º da Lei nº 8.429/92.* [...]
> A Lei de Improbidade Administrativa, diante dos velozes tráfegos, ocultamento ou dilapidação patrimoniais, possibilitados por instrumentos tecnológicos de comunicação de dados que tornaria irreversível

---

[286] Lei nº 8.429/1992.

o ressarcimento ao erário e devolução do produto do enriquecimento ilícito por prática de ato ímprobo, buscou dar efetividade à norma, afastando o requisito da demonstração do periculum in mora (art. 823 do CPC), este, intrínseco a toda medida cautelar sumária (art. 789 do CPC), admitindo que tal requisito seja presumido à preambular garantia de recuperação do patrimônio do público, da coletividade, bem assim do acréscimo patrimonial ilegalmente auferido. (Voto condutor do REsp nº 1319515/ES, Rel. p/ Acórdão Min. Mauro Campbell Marques, 1ª Seção, julgado em 22.08.2012) (grifou-se).

Ou seja, na seara de direito público entendeu-se que o *periculum in mora* seria presumido em razão da gravidade dos fatos e da importância de se preservar o bem público. A jurisprudência do Superior Tribunal de Justiça indica, pois, que a decretação de indisponibilidade de bens pode ocorrer mesmo sem a existência de atos concretos indicativos da dilapidação do patrimônio por parte dos responsáveis. Cite-se, ainda, como exemplo, a seguinte decisão:

> PROCESSUAL CIVIL E ADMINISTRATIVO. AGRAVO REGIMENTAL NO RECURSO ESPECIAL. AÇÃO CIVIL PÚBLICA. IMPROBIDADE ADMINISTRATIVA. CAUTELAR DE INDISPONIBILIDADE DOS BENS DO PROMOVIDO. DECRETAÇÃO. REQUISITOS. EXEGESE DO ART. 7º DA LEI Nº 8.429/1992, QUANTO AO PERICULUM IN MORA PRESUMIDO.
> 1. O fundamento utilizado pelo acórdão recorrido diverge da orientação que se pacificou no âmbito desta Corte, inclusive em recurso repetitivo (REsp nº 1.366.721/BA, Primeira Seção, j. 26.2.2014), no sentido de que *a decretação de indisponibilidade de bens em improbidade administrativa caracteriza tutela de evidência*.
> 2. Daí a desnecessidade de comprovar a dilapidação do patrimônio para a configuração de periculum in mora, o qual estaria implícito ao comando normativo do art. 7º da Lei nº 8.429/92, bastando a demonstração do fumus boni iuris, consistente em indícios de atos ímprobos.
> (AgRg no REsp nº 1314088/DF, Rel. Ministro Og Fernandes, 2ª Turma, julgado em 18.06.2014).

Nessa linha, considerando que a Lei Anticorrupção, tal qual a Lei de Improbidade Administrativa, não exige a presença do *periculum in mora* convencional, entende-se que a decretação de indisponibilidade de bens das pessoas jurídicas, com fulcro nessa primeira lei, não necessita ser precedida de indícios concretos de dilapidação do patrimônio ou de qualquer outra ação tendente a inviabilizar o ressarcimento ao erário

Assim, adota-se procedimento consentâneo com aquele da Lei de Improbidade Administrativa, visto que ambas tratam de questões de direito público.

4.3 Responsabilização por dano ao erário

Como era de se esperar, ante o princípio da indisponibilidade do interesse público, a aplicação das sanções previstas na Lei Anticorrupção não exclui, em qualquer hipótese, a obrigação de reparação integral do dano causado pela pessoa jurídica.[287]

4.3.1 Processo administrativo

A norma legal prevê a instauração de processo específico de reparação de dano, o qual deve tramitar independentemente daquele instaurado para a aplicação das sanções.[288] Nesse sentido, assim dispõe o Decreto nº 8.420/2015:

> O processamento do PAR não interfere no seguimento regular dos processos administrativos específicos para apuração da ocorrência de danos e prejuízos à administração pública federal, resultantes de ato lesivo cometido por pessoa jurídica, com ou sem a participação de agente público.[289]

Embora a lei indique a necessidade de instauração de processo administrativo específico para a reparação integral do dano, não descreve que espécie de processo seria este. Assim, cabe perquirir se a disposição é referente a processo administrativo específico regulado pela Lei Anticorrupção ou processo específico de tomada de contas especial regulado pela Lei nº 8.443/1992 (Lei Orgânica do Tribunal de Contas da União – TCU).

Ora, é cediço que a interpretação das leis deve ser feita de modo a compatibilizá-las com a Constituição, sendo que, em caso de impossibilidade, ter-se-á a revogação ou a inconstitucionalidade da norma legal.

---

[287] §3º do art. 6º da Lei Anticorrupção.
[288] Art. 13 da Lei Anticorrupção.
[289] Art. 51.

Nos termos da Constituição Federal:

> Compete ao TCU
> Art. 71 [...]
> II - julgar as contas dos administradores e demais responsáveis por dinheiros, bens e valores públicos da administração direta e indireta, incluídas as fundações e sociedades instituídas e mantidas pelo Poder Público federal, *e as contas daqueles que derem causa a perda, extravio ou outra irregularidade de que resulte prejuízo ao erário público;*

Assim, *quando se tratar de matéria de competência do TCU*, a melhor interpretação para essa disposição da Lei Anticorrupção é a que se refere ao processo de tomada de contas especial.

Logo, caso a prática das condutas descritas no art. 5º da Lei Anticorrupção resulte em prejuízo ao erário, a autoridade administrativa competente deverá, sob pena de responsabilidade solidária, instaurar o processo específico para apuração do dano, qual seja, a tomada de contas especial, nos termos do art. 8º da Lei nº 8.443/1992:

> Art. 8º Diante da omissão no dever de prestar contas, da não comprovação da aplicação dos recursos repassados pela União, na forma prevista no inciso VII do art. 5º desta Lei, *da ocorrência de desfalque ou desvio de dinheiros, bens ou valores públicos, ou, ainda, da prática de qualquer ato ilegal, ilegítimo ou antieconômico de que resulte dano ao Erário, a autoridade administrativa competente, sob pena de responsabilidade solidária, deverá imediatamente adotar providências com vistas à instauração da tomada de contas especial* para apuração dos fatos, identificação dos responsáveis e quantificação do dano.
> [...]
> §2º A tomada de contas especial prevista no caput deste artigo e em seu §1º será, desde logo, encaminhada ao Tribunal de Contas da União para julgamento, se o dano causado ao Erário for de valor igual ou superior à quantia para esse efeito fixada pelo Tribunal em cada ano civil, na forma estabelecida no seu Regimento Interno (grifou-se).

4.3.2 Inscrição em dívida ativa

A decisão proferida pelo TCU, em processo que resulte imputação de débito ou multa, tem eficácia de título executivo, nos termos do art. 71, §3º, da Constituição Federal, sendo desnecessária a inscrição deste crédito em dívida ativa da fazenda pública.

Por outro lado, o parágrafo único do art. 13 da Lei Anticorrupção estabelece que, de forma geral, o crédito apurado em processo de reparação do dano será inscrito em dívida ativa.

Em verdade, parece tratar-se de uma impropriedade legislativa, que posicionou o comando legal em local indevido. Isto é, percebe-se, de uma leitura conjunta do capítulo IV da Lei Anticorrupção, que o parágrafo único do art. 13 se refere à conclusão do processo administrativo de responsabilização da pessoa jurídica, cujo procedimento encontra-se descrito de forma cadenciada em seus arts. 8º a 12. Assim, o referido comando legal (parágrafo único do art. 13) melhor estaria posicionado em artigo independente, *abrangendo tanto as sanções de natureza pecuniária quanto os ressarcimentos de forma geral* e não somente os ressarcimentos.

De qualquer forma, a menção à possibilidade de inscrição em dívida do crédito apurado é positiva pelo *fato de possibilitar a inscrição em dívida ativa de danos não apreciáveis pelo TCU e, portanto, não abarcados pelo mencionado comando constitucional* (*v.g.* aqueles sofridos pela administração pública estrangeira ou decorrentes de ilícitos tributários).

4.3.3 Processo judicial

A Lei Anticorrupção prevê que o prejuízo sofrido pela administração pública também pode ser apurado judicialmente, no mesmo processo instaurado para a aplicação das sanções. Assim, é previsto que:

> A condenação torna certa a obrigação de reparar, integralmente, o dano causado pelo ilícito, cujo valor será apurado em posterior liquidação, se não constar expressamente da sentença.[290]

A Lei nº 7.347/1985, que rege o rito judicial da Lei Anticorrupção, também dispõe que:

> Art. 3º A ação civil poderá ter por objeto a condenação em dinheiro ou o cumprimento de obrigação de fazer ou não fazer.

Por certo, de acordo com o princípio de independência entre as instâncias, o fato de o dano estar sendo apurado judicialmente não impede a apuração pela via administrativa.

---

[290] Parágrafo único do art. 21 da Lei Anticorrupção.

CAPÍTULO 5

PROGRAMA DE INTEGRIDADE E ACORDO DE LENIÊNCIA

5.1 Programa de integridade

A norma anticorrupção busca estimular que as empresas adotem boas práticas de gestão para prevenir a ocorrência de atos ilícitos.

Essencial, para tanto, é que as pessoas jurídicas desenvolvam programas de integridade com o intuito de direcionar a atuação de seus representantes e inibir a prática de atos em desacordo com os padrões éticos que devem reger a atuação empresarial.

A Lei Anticorrupção transferiu para o regulamento a definição dos parâmetros de avaliação de mecanismos e procedimentos dos programas de integridade.[291] Por consequência, o Decreto nº 8.420/2015 definiu programa de integridade como:

> Conjunto de mecanismos e procedimentos internos de integridade, auditoria e incentivo à denúncia de irregularidades e na aplicação efetiva de códigos de ética e de conduta, políticas e diretrizes com o objetivo de detectar e sanar desvios, fraudes, irregularidades e atos ilícitos praticados contra a administração pública, nacional ou estrangeira.[292]

Ainda segundo essa norma,

> o programa de integridade deve ser estruturado, aplicado e atualizado de acordo com as características e riscos atuais das atividades de

---
[291] Parágrafo único do art. 7º.
[292] Art. 41.

cada pessoa jurídica, a qual por sua vez deve garantir o constante aprimoramento e a adaptação do referido programa, visando a garantir sua efetividade.

A existência de programa de integridade deve ser considerada quando da dosimetria da pena a ser aplicada administrativamente e quando da celebração de acordo de leniência.[293] Também deverá ser considerada a efetividade do programa de integridade em relação ao ato lesivo objeto de apuração.[294]

Assim, a definição do percentual de redução das sanções deverá considerar o grau de adequação do programa de integridade ao perfil da empresa e sua efetividade. A concessão do percentual máximo de redução das sanções fica, pois, condicionada ao *atendimento pleno* dos requisitos previstos nas normas.[295]

Já o programa de integridade meramente formal e que se mostre absolutamente ineficaz para mitigar o risco de ocorrência de atos lesivos não será considerado para fins de redução da sanção a ser aplicada.[296]

5.1.1 Parâmetros de avaliação do programa de integridade

Os parâmetros de avaliação do programa foram estabelecidos no bojo do Decreto nº 8.420/2015:

> I - comprometimento da alta direção da pessoa jurídica, incluídos os conselhos, evidenciado pelo apoio visível e inequívoco ao programa;
>
> II - padrões de conduta, código de ética, políticas e procedimentos de integridade, aplicáveis a todos os empregados e administradores, independentemente de cargo ou função exercidos;
>
> III - padrões de conduta, código de ética e políticas de integridade estendidas, quando necessário, a terceiros, tais como, fornecedores, prestadores de serviço, agentes intermediários e associados;
>
> IV - treinamentos periódicos sobre o programa de integridade;
>
> V - análise periódica de riscos para realizar adaptações necessárias ao programa de integridade;

---

[293] Parágrafo único do art. 7º da Lei Anticorrupção; art. 5º, §4º, e art. 37, inciso IV, do Decreto nº 8.420/2015.
[294] §2º do art. 42 do Decreto nº 8.420/2015.
[295] §§1º e 3º do art. 5º da Portaria CGU nº 909/2015.
[296] §2º do art. 5º da Portaria CGU nº 909/2015.

VI - registros contábeis que reflitam de forma completa e precisa as transações da pessoa jurídica;

VII - controles internos que assegurem a pronta elaboração e confiabilidade de relatórios e demonstrações financeiros da pessoa jurídica;

VIII - procedimentos específicos para prevenir fraudes e ilícitos no âmbito de processos licitatórios, na execução de contratos administrativos ou em qualquer interação com o setor público, ainda que intermediada por terceiros, tal como pagamento de tributos, sujeição a fiscalizações, ou obtenção de autorizações, licenças, permissões e certidões;

IX - independência, estrutura e autoridade da instância interna responsável pela aplicação do programa de integridade e fiscalização de seu cumprimento;

X - canais de denúncia de irregularidades, abertos e amplamente divulgados a funcionários e terceiros, e de mecanismos destinados à proteção de denunciantes de boa-fé;

XI - medidas disciplinares em caso de violação do programa de integridade;

XII - procedimentos que assegurem a pronta interrupção de irregularidades ou infrações detectadas e a tempestiva remediação dos danos gerados;

XIII - diligências apropriadas para contratação e, conforme o caso, supervisão, de terceiros, tais como, fornecedores, prestadores de serviço, agentes intermediários e associados;

XIV - verificação, durante os processos de fusões, aquisições e reestruturações societárias, do cometimento de irregularidades ou ilícitos ou da existência de vulnerabilidades nas pessoas jurídicas envolvidas;

XV - monitoramento contínuo do programa de integridade visando ao seu aperfeiçoamento na prevenção, detecção e combate à ocorrência dos atos lesivos previstos na Lei Anticorrupção;

XVI - transparência da pessoa jurídica quanto a doações para candidatos e partidos políticos.[297]

5.1.1.1 Consideração do porte e especificidades da pessoa jurídica

Esse extenso rol de requisitos, por certo, deve ser exigido de acordo com o porte da pessoa jurídica, sua estruturação administrativa e sua forma de relacionamento com fornecedores e clientes. Em assim sendo, devem ser considerados:

---

[297] Art. 42.

I - a quantidade de funcionários, empregados e colaboradores;

II - a complexidade da hierarquia interna e a quantidade de departamentos, diretorias ou setores;

III - a utilização de agentes intermediários como consultores ou representantes comerciais;

IV - o setor do mercado em que atua;

V - os países em que atua, direta ou indiretamente;

VI - o grau de interação com o setor público e a importância de autorizações, licenças e permissões governamentais em suas operações;

VII - a quantidade e a localização das pessoas jurídicas que integram o grupo econômico;

VIII - o fato de ser qualificada como microempresa ou empresa de pequeno porte.[298]

5.1.1.1.1 Microempresas e empresas de pequeno porte

Consoante o tratamento diferenciado previsto na Constituição Federal[299] para as microempresas e empresas de pequeno porte, foram estabelecidos regramentos específicos para essas entidades.

Assim, há a dispensa de alguns dos requisitos exigidos para as demais empresas e há a previsão de redução das formalidades dos demais parâmetros de avaliação dos programas de integridade.[300]

5.1.2 Metodologia de avaliação

Para que seu programa de integridade seja avaliado, a pessoa jurídica deverá apresentar dois relatórios – de perfil e de conformidade do programa – contendo as seguintes informações:

Relatório de perfil:

I - setores do mercado em que atua em território nacional e, se for o caso, no exterior;

---

[298] §1º do art. 42 do Decreto nº 8.420/2015.
[299] Art. 179. A União, os Estados, o Distrito Federal e os Municípios dispensarão às microempresas e às empresas de pequeno porte, assim definidas em lei, tratamento jurídico diferenciado, visando a incentivá-las pela simplificação de suas obrigações administrativas, tributárias, previdenciárias e creditícias, ou pela eliminação ou redução destas por meio de lei.
[300] §§3º e 5º do art. 42 do Decreto nº 8.420/2015.

II - sua estrutura organizacional, descrevendo a hierarquia interna, o processo decisório e as principais competências de conselhos, diretorias, departamentos ou setores;

III - quantitativo de empregados, funcionários e colaboradores;

IV - interações estabelecidas com a administração pública nacional ou estrangeira, destacando:

a) importância da obtenção de autorizações, licenças e permissões governamentais em suas atividades;

b) o quantitativo e os valores de contratos celebrados ou vigentes com entidades e órgãos públicos nos últimos três anos e a participação destes no faturamento anual da pessoa jurídica;

c) frequência e a relevância da utilização de agentes intermediários, como procuradores, despachantes, consultores ou representantes comerciais, nas interações com o setor público;

V - participações societárias que envolvam a pessoa jurídica na condição de controladora, controlada, coligada ou consorciada;

VI - sua qualificação, se for o caso, como microempresa ou empresa de pequeno porte.

Relatório de conformidade do programa:

I - estrutura do programa de integridade, com:

a) indicação de quais parâmetros foram implementados;

b) descrição de como esses parâmetros foram implementados;

c) explicação da importância da implementação de cada um desses parâmetros, frente às especificidades da pessoa jurídica, para a mitigação de risco de ocorrência de atos lesivos previstos na Lei Anticorrupção;

II - funcionamento do programa de integridade na rotina da pessoa jurídica, com histórico de dados, estatísticas e casos concretos;

III - atuação do programa de integridade na prevenção, detecção e remediação do ato lesivo objeto da apuração.[301]

A pessoa jurídica poderá comprovar suas alegações por meio de documentos oficiais, correios eletrônicos, cartas, declarações, correspondências, memorandos, atas de reunião, relatórios, manuais, imagens capturadas da tela de computador, gravações audiovisuais e sonoras, fotografias, ordens de compra, notas fiscais, registros contábeis ou outros documentos, preferencialmente em meio digital.[302]

---

[301] Portaria CGU nº 909/2015.
[302] §2º do art. 4º da Portaria CGU nº 909/2015.

A autoridade responsável poderá realizar entrevistas e solicitar novos documentos para fins da avaliação do programa.[303]

5.2 Acordo de leniência

5.2.1 Considerações gerais

A Lei Anticorrupção instituiu a possibilidade de realização do chamado acordo de leniência com as pessoas jurídicas responsáveis que colaborem efetivamente com as investigações e o processo administrativo.[304]

Mediante esse acordo, a pessoa jurídica obtém redução das sanções a ela aplicáveis e a administração pública obtém informações aptas a permitir o aprofundamento das investigações.

Esse acordo guarda semelhança com duas outras espécies de pactos previstos no ordenamento jurídico brasileiro:

> No âmbito do Conselho Administrativo de Defesa Econômica – Cade (acordo de leniência)
> Art. 86 da Lei nº 12.529/2011 – que estrutura o Sistema Brasileiro de Defesa da Concorrência:
> O Cade, por intermédio da Superintendência-Geral, poderá celebrar acordo de leniência, com a extinção da ação punitiva da administração pública ou a redução de 1 (um) a 2/3 (dois terços) da penalidade aplicável, nos termos deste artigo, com pessoas físicas e jurídicas que forem autoras de infração à ordem econômica, desde que colaborem efetivamente com as investigações e o processo administrativo e que dessa colaboração resulte:
> I - a identificação dos demais envolvidos na infração; e
> II - a obtenção de informações e documentos que comprovem a infração noticiada ou sob investigação.
>
> No âmbito judicial (delação premiada)
> Art. 4º da Lei nº 12.850/2013 – que define organização criminosa e dispõe sobre a investigação criminal, os meios de obtenção da prova, infrações penais correlatas e o procedimento criminal:
> O juiz poderá, a requerimento das partes, conceder o perdão judicial, reduzir em até 2/3 (dois terços) a pena privativa de liberdade ou substituí-la por restritiva de direitos daquele que tenha colaborado efetiva e

---

[303] §5º do art. 5º da Portaria CGU nº 909/2015.
[304] Art. 16.

voluntariamente com a investigação e com o processo criminal, desde que dessa colaboração advenha um ou mais dos seguintes resultados:

I - a identificação dos demais coautores e partícipes da organização criminosa e das infrações penais por eles praticadas;

II - a revelação da estrutura hierárquica e da divisão de tarefas da organização criminosa;

III - a prevenção de infrações penais decorrentes das atividades da organização criminosa;

IV - a recuperação total ou parcial do produto ou do proveito das infrações penais praticadas pela organização criminosa;

V - a localização de eventual vítima com a sua integridade física preservada.

A razão de ser desses institutos é simples: estimular a colaboração daqueles envolvidos na prática de atos ilícitos de forma a identificar outros infratores e evitar a reiteração das condutas ilícitas.

Trata-se de importante instrumento de investigação apto a dotar as autoridades de informações relevantes sobre atos ilícitos que não necessariamente seriam obtidas sem a celebração dos acordos.

Nesse sentido, insta trazer à baila as seguintes considerações constantes de voto do Ministro Augusto Sherman Cavalcanti do Tribunal de Contas da União:

> Esses acordos, portanto, somente podem ser entendidos sob os contornos traçados pelos objetivos de responsabilização, de forma a criar mecanismo colaborativo por parte de potenciais delatores, a propiciar a potencialização do esforço investigativo, pela apresentação de informações verdadeiramente úteis para a investigação e para a produção de provas, no que concerne à recuperação de valores frutos dos atos lesivos e à identificação e responsabilização desejável de todos os envolvidos.
>
> 13. Para tanto, *em prol de uma efetiva colaboração nas investigações, abre-se mão de punições ao delator-colaborador*, permitindo-se, quanto a esse, leniência quanto à punição em relação às infrações de que participou, em face não apenas de sua "confissão" quanto à participação nos ilícitos, mas principalmente em razão dessa colaboração. Logo, diferentemente do que possam vir a pensar, a respeito dessa novel produção legislativa, *não se trata de direito às empresas ao abrandamento das sanções cabíveis, mas instrumento a serviço da administração, para utilizá-lo, se útil às suas apurações*. Não há espaço, nessa lei, para interpretações que conduzam a crer que ela contém benefício a empresas praticantes de ilícitos contra a Administração Pública, pois o objetivo último é justamente o contrário, pois visa a garantir a punição exemplar dos infratores, com a identificação de todos os envolvidos. E, quando essa identificação for

fruto de acordo de leniência, com permissivo de exclusão ou atenuação da punição da empresa colaboradora com as investigações, o que se dá em troca da colaboração bem sucedida, e no interesse público maior, é o livramento parcial ou total das punições ao colaborador (grifou-se).[305]

5.2.1.1 Interrupção da prescrição

A celebração do acordo de leniência interrompe[306] o prazo prescricional dos atos ilícitos previstos na Lei Anticorrupção.[307]

Nessa linha, ao instituir a mencionada prescrição, a norma legal busca evitar que sejam celebrados acordos com o mero intuito de procrastinar o exercício da ação punitiva estatal e, por conseguinte, beneficiar indevidamente a pessoa jurídica acusada.

5.2.1.2 Suspensão do PAR

As normas não estabelecem a suspensão do PAR enquanto estiver em trâmite o processo de elaboração do acordo de leniência, o que permite concluir que tal hipótese se encontra no âmbito de discricionariedade da autoridade pública.

Depois da celebração do acordo e até o seu cumprimento, pode-se entender que há a suspensão do PAR, conforme se conclui do disposto na Portaria Interministerial nº 2.278/2016:

> Art. 11. No caso de descumprimento do acordo de leniência:
>
> I- a pessoa jurídica perderá os benefícios pactuados e ficará impedida de celebrar novo acordo pelo prazo de 3 (três) anos, contados do conhecimento pela administração pública do referido descumprimento;
>
> II- haverá o vencimento antecipado das parcelas não pagas e serão executados:
>
> a) o valor integral da multa, descontando-se as frações eventualmente já pagas; e
>
> b) os valores pertinentes aos danos e ao enriquecimento ilícito;
>
> III - *será instaurado ou retomado o PAR* referente aos atos e fatos incluídos no acordo, conforme o caso. (Grifos acrescidos).

---

[305] Acórdão nº 824/2015-Plenário.
[306] Parágrafo único do art. 202 do Código Civil: A prescrição interrompida recomeça a correr da data do ato que a interrompeu, ou do último ato do processo para a interromper.
[307] §9º do art. 16 da Lei Anticorrupção.

5.2.1.3 Autoridade competente

Poderá celebrar acordo de leniência a autoridade máxima de cada órgão ou entidade pública. No âmbito do Poder Executivo federal, o órgão competente é a Controladoria-Geral da União – CGU.[308]

Uma vez proposto o acordo de leniência, a Controladoria-Geral da União poderá requisitar os autos de processos administrativos em curso em outros órgãos ou entidades da administração pública federal, relacionados aos fatos objeto do acordo.[309]

O Decreto nº 8.420/2015[310] dispõe que, havendo fatos que tenham sido noticiados por meio do acordo de leniência e que consistam em infrações previstas na Lei Anticorrupção ou nas normas de licitações e contratos, a Controladoria-Geral da União poderá conduzir e julgar os processos administrativos que apurem tais infrações administrativas.[311]

Trata-se, na verdade, de mera explicitação das competências conferidas à CGU por meio do art. 8º da Lei Anticorrupção, mediante o qual esse órgão possui competência concorrente para instaurar tais processos de responsabilização.

5.2.1.4 Caráter sigiloso

A proposta de acordo e os seus desdobramentos somente se tornarão públicos depois da celebração do respectivo acordo, salvo no interesse das investigações e do processo administrativo.[312]

Entretanto, a tramitação do acordo de leniência pode ser tornada pública caso a proponente autorize a divulgação de sua existência ou de seu conteúdo, e desde que haja a anuência da CGU.[313]

Caso a proposta de acordo seja rejeitada pela administração pública, não deve haver nenhuma divulgação a respeito, a menos que a proponente entenda de forma contrária.[314]

Com efeito, a mera notícia da cogitação de eventual celebração de acordo de leniência pode constituir significativo dano à imagem da

---

[308] Art. 16, *caput* e §10, da Lei Anticorrupção.
[309] §3º do art. 31 do Decreto nº 8.420/2015.
[310] Art. 38 do Decreto nº 8.420/2015.
[311] Sobre as atribuições da Controladoria-Geral da União, remete-se ao subitem 4.1.1.1.1 do capítulo 4 deste livro.
[312] §6º do art. 16 da Lei Anticorrupção.
[313] §1º do art. 31 do Decreto nº 8.420/2015.
[314] Art. 33 do Decreto nº 8.420/2015.

pessoa jurídica. Assim, a divulgação dos atos deve ocorrer somente depois de concluídas as negociações e celebrado o acordo, quando se terá certeza dos fatos lá expostos, e desde que essa divulgação não prejudique outras investigações.

Outrossim, mesmo depois da celebração do acordo, poderá ser mantido o acesso restrito a documentos sensíveis comercialmente da pessoa jurídica signatária.[315]

5.2.2 Abrangência objetiva

Além dos atos previstos na Lei Anticorrupção, o acordo de leniência também poderá abranger ilícitos previstos na Lei nº 8.666/1993, com vistas à isenção ou à atenuação das sanções administrativas estabelecidas em seus arts. 86 a 88:

> Art. 17. A administração pública poderá também celebrar acordo de leniência com a pessoa jurídica responsável pela prática de ilícitos previstos na Lei nº 8.666, de 21 de junho de 1993, com vistas à isenção ou à atenuação das sanções administrativas estabelecidas em seus arts. 86 a 88.

Ressalte-se que a norma não exige, ao menos não expressamente, que esses atos ilícitos previstos na Lei nº 8.666/1993 sejam também enquadrados na Lei Anticorrupção.

Entretanto, em análise sistemática da Lei Anticorrupção, verifica-se que foge aos objetivos e à finalidade da norma, a extensão dos acordos de leniências a fatos não tipificados na Lei Anticorrupção. A própria razão de ser do acordo de leniência indica sua aplicação para casos mais graves, não se vislumbrando razoabilidade em sua utilização para atos ilícitos de pouca reprovabilidade.

Assim, na linha do explanado no tópico acerca do Procedimento Administrativo de Responsabilização, entende-se que o acordo de leniência não abrange atos ilícitos previstos nas normas de licitações que não estejam também tipificados na Lei Anticorrupção.

---

[315] Parágrafo único do art. 39 do Decreto nº 8.420/2015.

5.2.2.1 Demais normas sobre licitações públicas

Em desarrazoada distinção das normas de licitações públicas, não foi feita menção às sanções aplicáveis mediante o Regime Diferenciado de Contratação – RDC, a Lei do Pregão e o Estatuto Jurídico das Empresas Estatais.

Esse aparente equívoco do legislador buscou ser corrigido, ao menos em parte, pelo decreto regulamentador, quando foi disposto que o acordo de leniência isentará as sanções administrativas previstas em todas as normas de licitações e contratos.[316]

A princípio, tratar-se-ia de extrapolação do poder regulamentar por alargar as hipóteses previstas em lei. Entretanto, como a ampliação do escopo do acordo de leniência seria favorável às entidades acusadas, vislumbra-se espaço para a aplicação de analogia *in bonam partem*, de forma que o acordo de leniência poderia afastar as sanções previstas nos diversos diplomas que versam sobre licitações e contratos.

5.2.2.1.1 Aplicação retroativa

Como explanado no capítulo I, as normas referentes aos acordos de leniência podem beneficiar as pessoas jurídicas, o que possibilitaria, em tese, a celebração do acordo para fatos ocorridos anteriormente à entrada em vigência da Lei Anticorrupção, nos termos do art. 5º, inciso XL, da Constituição Federal.

Por certo, o acordo somente abrangeria as sanções previstas nas normas de licitações, pois aquelas da Lei Anticorrupção não seriam aplicáveis por não estarem previstas quando da ocorrência dos fatos, de acordo com o princípio da irretroatividade da lei penal.

Essa aplicação do acordo a fatos pretéritos também não altera o seu âmbito de abrangência. Ou seja, somente as condutas mais reprováveis previstas nas normas de licitação e que sejam também previstas na Lei Anticorrupção podem ser objeto do acordo de leniência.

Dito isso, cabe analisar algumas peculiaridades da aplicação do acordo a fatos anteriores à vigência da Lei Anticorrupção.

A primeira constatação é que o acordo será celebrado no bojo de procedimentos de apuração instaurados *exclusivamente para a aplicação de sanções previstas nas normas de licitações*. Ou seja, aparentemente,

---

[316] Art. 40, inciso IV: isenção ou atenuação das sanções administrativas previstas nos arts. 86 a 88 da Lei nº 8.666/1993, ou de outras normas de licitações e contratos.

está-se a fugir do escopo principal da norma legal e surgem, então, dúvidas se estaria ocorrendo sua aplicação em situações que não são por ela reguladas.

A segunda constatação é que um dos pressupostos do acordo de leniência é a identificação dos demais envolvidos na prática do ato ilícito. Entretanto, para esses responsáveis identificados no bojo do acordo de leniência, a retroatividade da norma os estará prejudicando. Isso porque, caso não houvesse a aplicação da norma de forma retroativa, a administração pública não teria conhecimento da prática do ilícito por esses coautores.

Em sendo assim, há dúvidas jurídicas acerca da possibilidade da utilização das informações fornecidas no bojo do acordo de leniência para a responsabilização e a punição desses coautores. Em consequência, se a identificação dos demais envolvidos na infração não terá utilidade para o aprofundamento das investigações, essa identificação não poderá ser considerada como fundamento para a celebração do acordo.

Chega-se, então, a terceira e última constatação, qual seja, averiguar em que medida a celebração do acordo de leniência se justifica. Ora *se a identificação dos demais envolvidos não terá valia, o acordo terá que ser justificado mais fortemente por outras razões*. Assim, caberá à autoridade pública averiguar em que medida as informações fornecidas pela proponente efetivamente justificam a celebração do acordo e a consequente atenuação das sanções aplicáveis.

5.2.3 Abrangência subjetiva

Os efeitos do acordo de leniência serão estendidos às pessoas jurídicas que integram o mesmo *grupo econômico*, de fato e de direito, desde que firmem o acordo em conjunto, respeitadas as condições nele estabelecidas.[317]

A norma abre, pois, uma exceção para que mais de uma pessoa jurídica participe do mesmo acordo de leniência. Por certo, como o acordo de leniência se refere a infrações específicas, as empresas celebrantes devem ser de alguma forma responsáveis pela prática do ato ilícito, de modo a estarem sujeitas às sanções previstas na Lei Anticorrupção.

Outro requisito para a celebração desse acordo é que as entidades constituam um grupo econômico, de fato ou de direito.

---

[317] §5º do art. 16 da Lei Anticorrupção.

5.2.3.1 Grupo econômico de direito

O grupo econômico constituído formalmente ou de direito ocorre nos termos do art. 265 da Lei nº 6.404/1976:

> Art. 265. A sociedade controladora e suas controladas podem constituir, nos termos deste Capítulo, grupo de sociedades, *mediante convenção* pela qual se obriguem a combinar recursos ou esforços para a realização dos respectivos objetos, ou a participar de atividades ou empreendimentos comuns (grifou-se).

5.2.3.2 Grupo econômico de fato

O grupo econômico de fato ocorre quando há interferência na direção de uma empresa por outra, embora essa relação jurídica não esteja formalizada. A Consolidação das Leis do Trabalho – CLT é o diploma legal que melhor parece tratar da matéria:

> Art. 2º: §2º - Sempre que uma ou mais empresas, tendo, embora, cada uma delas, personalidade jurídica própria, *estiverem sob a direção, controle ou administração de outra*, **constituindo grupo industrial, comercial ou de qualquer outra atividade econômica**, serão, para os efeitos da relação de emprego, solidariamente responsáveis a empresa principal e cada uma das subordinadas (grifou-se).

5.2.4 Finalidade

Consoante a norma legal, da colaboração da pessoa jurídica deverá resultar:

> I - a identificação dos demais envolvidos *na infração*, quando couber; e
> II - a obtenção célere de informações e documentos que comprovem *o ilícito sob apuração*. (grifou-se).[318]

Observa-se que a norma legal é expressa ao disciplinar que essas informações *devem resultar da celebração do acordo de leniência*. Assim, caso essas informações já se encontrem em poder da autoridade julgadora, a celebração do acordo torna-se desnecessária e sem amparo legal.

---

[318] Incisos I e II do art. 16 da Lei Anticorrupção.

Nessa linha, a Lei Anticorrupção estabelece que o acordo deverá prever as condições para que seja assegurada *a efetividade da colaboração e sua contribuição para o resultado útil do processo*.[319]

Outro ponto a ser considerado é que a celebração do acordo de leniência insere-se no poder discricionário da autoridade pública, a qual *avaliará se os elementos advindos do acordo são compatíveis com os benefícios propiciados à pessoa jurídica*.

Dentro do exercício desse poder discricionário,[320] é possível que sejam cabíveis outras exigências além daquelas previstas na lei, sempre com o intuito de melhor salvaguardar o interesse público.

5.2.4.1 Identificação dos demais envolvidos na infração

A norma exige que a pessoa jurídica identifique os que de alguma forma contribuíram para a prática do ato ilícito. Dessa forma, se por um lado a administração pública abre mão de parcela de seu poder punitivo em favor do celebrante do acordo, por outro há uma ampliação do espectro punitivo em relação a outros agentes.

Por certo, não havendo outros envolvidos, a exigência deixa de fazer sentido.

Cabe observar que a norma legal não estabelece que os demais envolvidos devam estar sujeitos à Lei Anticorrupção. Assim, pessoas físicas, inclusive agentes públicos que participem do ilícito, devem ser objeto de identificação por parte da pessoa jurídica.

5.2.4.2 Obtenção célere de informações

O segundo requisito do acordo de leniência é que redunde na *obtenção célere de informações e documentos* que comprovem o ilícito sob apuração. Veja-se que não basta o fornecimento de quaisquer informações referentes ao ilícito, mas somente daquelas com *potencial de comprovar a sua existência*.

---

[319] Art. 16, §4º.
[320] Para Celso Antônio Bandeira de Mello (*In:* BANDEIRA DE MELLO, Celso Antônio. *Curso de direito administrativo*. 26. ed. rev. atual. até a Emenda Constitucional 57, de 18.12.2008 São Paulo: Malheiros, 2009. p. 952), "fala-se em discricionariedade quando a disciplina legal faz remanescer em proveito e a cargo do administrador uma *certa esfera de liberdade* perante o quê caber-lhe-á preencher com seu juízo subjetivo e pessoal, o campo de indeterminação normativa, a fim de satisfazer no caso concreto a finalidade da lei".

Ademais, o fornecimento das informações deve ocorrer de forma célere, ou seja, propiciando agilidade ao processo administrativo de apuração de responsabilidades.

Outrossim, a norma não exige que essas informações ou documentos possam ser obtidos, exclusivamente, por meio de acordo de leniência. O que se exige é que, mediante o acordo, o fornecimento das informações pela pessoa jurídica abrevie o processo de apuração ao dispensar a realização de investigações ou diligências mais demoradas por parte da autoridade e com resultado nem sempre certo.

5.2.4.2.1 Novidade das informações

Uma infração administrativa enquadrada na Lei Anticorrupção pode configurar a violação de outras normas legais, em especial aquelas de natureza penal. Assim, pode ocorrer que um mesmo fato esteja sujeito a mais de uma instância de apuração.

Essas diferentes instâncias de apuração não necessariamente caminham lado a lado, sendo possível que alguma se encontre em estado mais avançado do que a outra. Ou seja, a quantidade de informações e elementos probatórios acostados a uma pode ser significativamente diversa daquela acostada à outra.

Pois bem, um dos objetivos da celebração do acordo de leniência é a obtenção de informações acerca do fato ilícito objeto de apuração. Caso essas informações estejam em poder do Estado e, por consequência, em poder da autoridade responsável pelo acordo, não haverá a efetiva cooperação da pessoa jurídica proponente.

Essa questão foi colocada para apreciação do Tribunal de Contas da União – TCU em razão de representação do Ministério Público junto àquela Corte de Contas. Lá se discutiram as eventuais repercussões dos elementos juntados em processo judicial de apuração criminal sobre eventuais acordos de leniência a serem celebrados com fulcro na Lei Anticorrupção. O Ministro-Relator daqueles autos fez as seguintes considerações:

> Como bem explicitado pela unidade técnica, o acordo de leniência pressupõe inovação fática que impulsione as apurações em curso pelo procedimento investigativo, seja pela identificação dos demais envolvidos na infração, seja pela obtenção célere de informações e documentos que comprovem o ilícito, conforme se observa do disposto no art. 16 da Lei Anticorrupção. É essa a sua finalidade. Só *haverá interesse legítimo*

para o Estado se do acordo resultar algo novo e concreto que permita o avanço das investigações e o alcance de outros benefícios em favor da Administração (grifou-se).

Assim, com base nessa manifestação, foi prolatado o Acórdão TCU nº 824/2015 – Plenário,[321] mediante o qual ficou consignado que a autoridade responsável pela celebração do acordo de leniência deve se certificar de que:

> Ocorrerá efetiva colaboração, confrontando-se se já não eram do conhecimento do Estado as informações ofertadas sobre os demais envolvidos na infração e sobre os documentos que comprovem o ilícito sob apuração.

5.2.4.2.1.1 Informações submetidas a sigilo

Pode ocorrer, entretanto, que as informações estejam em poder do Estado, mas não possam ser disponibilizadas para a autoridade responsável pelo PAR. Por exemplo, as informações podem estar acostadas a processo submetido a sigilo.

A respeito, no bojo do relatório que acompanha o mencionado acórdão do TCU, constam as seguintes considerações efetuadas pela unidade técnica daquela Corte de Contas:

> Nesse desvendamento, há de se distinguir toda a manifestação prévia da AGU e da CGU que, de fato, *a Lei nº 12.846/2013 estabeleceu a competência exclusiva da Controladoria-Geral da União em celebrar os acordos por parte do Poder Executivo Federal.* E tal competência – reconheça-se – foi conferida, não obstante a limitação de informações que dispõe a CGU em relação à esfera investigativa criminal.
>
> [...] Como *existirão informações sigilosas, que não poderão ser compartilhadas ao executivo – sob pena de risco às investigações – na prática, a competência administrativa estará sempre limitada (e vinculada) ao juízo do Parquet.* Jamais, afinal, a CGU teria acesso, por seus próprios meios, a determinados tipos de informações privilegiadas. Mas, o reconhecimento lógico de tais limitações seria estampar, também, que a CGU não teria completa prevalência sobre o juízo de vantagem. Dependeria, sempre – na prática e por justiça – da manifestação limitada de outro órgão de que "não se trata de informação nova", sem saber exatamente qual é; e sem poder

---

[321] Relator Ministro Augusto Nardes, Sessão de 15.4.2015.

ajuizar, com independência e por seus próprios meios, se, realmente, há ou não a vantagem. *Seria, ao fim, limitar a competência legal conferida à CGU* (grifou-se).

Com efeito, se a informação não pode ser obtida pela autoridade responsável pelo acordo, há de se convir que a pessoa jurídica, caso as forneça, *efetivamente contribuirá com as investigações previstas na Lei Anticorrupção.*

Por outro lado, ao se vincular a atuação da autoridade responsável pelo acordo de leniência ao resultado de desdobramentos de outros processos, judiciais ou administrativos, estar-se-ia afetando as competências legais conferidas a essa autoridade e criando uma hierarquia de procedimentos inexistentes, violando primordialmente o princípio da independência entre as instâncias administrativa e judicial.

Ademais, há de se considerar que a conclusão dos processos administrativos tende a ocorrer em espaço de tempo significativamente inferior àquele dos processos judiciais. Assim, o "sobrestamento" daqueles pode fazer com que o exercício da pretensão punitiva estatal no âmbito administrativo se protraia significativamente no tempo, indo contra o interesse público e diminuindo os efeitos que se espera das sanções, em especial, o de desestimular determinados comportamentos contrários ao direito.

5.2.4.3 Limites do acordo

Dos termos utilizados pela norma, vislumbra-se que o objeto do acordo de leniência é determinado ilícito sob apuração. Isso porque não há exigência de que a pessoa jurídica confesse todos os atos ilícitos por ela praticados contra a administração pública. Por meio do acordo, por exemplo, *não necessariamente será feito um ajuste geral de contas entre a entidade acusada e a administração pública.*

A leitura do já mencionado §4º do art. 15 da Lei Anticorrupção também corrobora esse entendimento ao dispor que:

> O acordo de leniência estipulará as condições necessárias para assegurar a efetividade da colaboração e o resultado útil do processo.

Ou seja, a finalidade do instituto é garantir que a infração objeto de investigação seja analisada de forma rápida e efetiva, garantindo-se o resultado útil do processo administrativo.

Pode-se, é bem verdade, argumentar que o interesse público seria melhor atendido caso o acordo abrangesse, inclusive, atos ilícitos que não estivessem sendo objeto de apuração. Entretanto, ao se exigir tal nível de confissão, a pessoa jurídica pode ficar propensa a não celebrar o acordo, pois a confissão de outros ilícitos pode tornar o pacto pouco atraente. Assim, estar-se-ia diante de situação em que não haveria a celebração de nenhum acordo e até mesmo a apuração do fato sob apuração estaria prejudicada.

Em sendo assim, a opção do legislador pode ser justificada diante do pragmatismo que certamente norteará as partes celebrantes do acordo de leniência. Essa conclusão, por certo, não impede que a autoridade pública, dentro de seu poder discricionário, condicione a celebração do acordo a que a pessoa jurídica aponte a ocorrência de outros ilícitos ainda a serem objeto de apuração. Isso porque há de se entender que esses limites para a celebração do acordo são mínimos, podendo a autoridade administrativa ampliá-los caso o interesse público assim o exija.

Isso porque não há direito subjetivo à celebração do acordo e há sempre espaço discricionário a ser ocupado pela autoridade competente, de acordo com sua visão do conjunto.

5.2.4.4 Reflexos em outros processos de responsabilização

Ainda no bojo do processo de que trata o já mencionado Acórdão TCU nº 824/2015 – Plenário, o Ministério Público Federal manifestou preocupação com a possibilidade de celebração de acordos de leniência que digam respeito a fatos ainda em apuração na esfera penal:

> Entende-se que, para a manutenção do intuito de encorajar as pessoas envolvidas, físicas e jurídicas, a cooperar com as autoridades, *não é viável que sejam oferecidos acordos parciais aos infratores ainda na pendência das investigações, sob pena de que aceitem a benesse sem a necessidade de efetivamente acrescerem às apurações.* [...] Em conclusão, evidencia-se que a celebração de acordos de leniência, no decorrer das investigações e por órgão a elas alheio, sem o conhecimento da real extensão dos fatos apurados e das potencialidades das diligências de investigação já em curso, possivelmente levará à inadequada análise de relação de custo, benefício na celebração dos acordos, *além de poder desencorajar a efetiva cooperação dos envolvidos nas práticas ilícitas com as autoridades* (grifou-se)

Ou seja, foi manifestado o entendimento de que eventual celebração de acordo de leniência pode desencorajar a efetiva cooperação dos investigados em outras instâncias de apuração, em especial as de caráter criminal. A razão para tanto é que a autoridade administrativa poderia celebrar o acordo sem o conhecimento adequado das circunstâncias que cercam o ilícito, fazendo concessões sem a devida contraprestação por parte da pessoa jurídica investigada.

Cabe ponderar, entretanto, que os benefícios concedidos mediante acordos de leniência não guardam nenhuma repercussão sobre os processos penais que apurem os mesmos fatos. Estes buscam responsabilizar pessoas físicas e aplicar sanções de caráter penal. Aqueles da Lei Anticorrupção buscam responsabilizar pessoas jurídicas e aplicar sanções de cunho administrativo.

Assim, vê-se com reservas a hipótese de que uma pessoa física em vias de sofrer uma persecução penal vá abdicar da possibilidade de cooperar com as investigações e ter sua pena abrandada pelo fato de determinada empresa ter celebrado acordo de leniência.

De qualquer forma, sensível ao argumento de que é sempre desejável a cooperação entre os órgãos estatais, o TCU estabeleceu que o órgão competente para celebrar o acordo de leniência deve verificar:

> A inexistência de eventual prejuízo das investigações em outras esferas de autuação, provocado pela celebração dos acordos na esfera administrativa (considerando a necessidade de atendimento aos princípios constitucionais do interesse público, da eficiência e da economicidade).[322]

Por certo, a interlocução entre os órgãos deverá delinear em cada caso concreto os comportamentos dos agentes públicos responsáveis pelas diversas instâncias de apuração.

5.2.4.5 Utilização das informações em outros processos

Outra questão que deveria ser objeto de regulamentação legal é a utilização das informações obtidas no acordo de leniência em outros processos de responsabilização.

Com efeito, as vantagens da celebração do acordo de leniência para as pessoas jurídicas podem ser esmaecidas caso o resultado do

---

[322] Acórdão nº 824/2015 – Plenário, com a redação dada pelo Acórdão nº 1.207/2015 – Plenário.

acordo seja considerado uma confissão do ilícito a ser objeto de diferentes sanções em outras instâncias.

Na mesma linha, os dirigentes da pessoa jurídica podem ser tentados a não celebrar o acordo caso as informações fornecidas possam ser utilizadas contra eles mediante repercussão penal.

A própria Lei Anticorrupção encerra tal contradição ao afastar da abrangência do acordo de leniência algumas de suas sanções. Ou seja, permite-se, implicitamente, que essas sanções sejam aplicadas em razão dos fatos desvendados por meio do acordo.

A recíproca também é verdadeira. Cabe perquirir, por exemplo, em que medida os acordos celebrados pelo Ministério Público com as pessoas jurídicas podem ser utilizados no âmbito da Lei Anticorrupção.

Seria salutar, assim, que os diversos órgãos responsáveis pela apuração do ilícito – Ministério Público, Controladorias, Tribunais de Contas – tivessem competências legais para celebrarem acordos de leniência em conjunto, de forma a fornecer a necessária segurança jurídica aos signatários do acordo e, por conseguinte, ao estimular a sua celebração, propiciar que sejam desvendadas práticas de corrupção contra a administração pública.

5.2.5 Requisitos

Para a celebração do acordo de leniência, devem *cumulativamente* ser preenchidos os seguintes requisitos a serem atendidos pela pessoa jurídica:

> I - seja a primeira a manifestar seu interesse em cooperar para a apuração do ato ilícito;
>
> II - cesse completamente seu envolvimento na infração investigada a partir da data de propositura do acordo;
>
> III - admita sua participação no ilícito;
>
> IV - coopere plena e permanentemente com as investigações e o processo administrativo, comparecendo, sob suas expensas, sempre que solicitada, a todos os atos processuais, até seu encerramento.[323]

---

[323] §1º do art. 16 da Lei Anticorrupção.

5.2.5.1 Manifestação de interesse

A norma legal impõe que a celebrante do acordo seja a primeira a manifestar o seu interesse em cooperar para a apuração do ato ilícito. Com efeito, o objetivo do acordo é a identificação dos demais participantes na prática do ilícito e a obtenção célere de provas. Assim, depois da celebração do primeiro acordo de leniência, já estarão identificados os demais coautores e fornecidas as provas necessárias. Ou seja, tornar-se-ia desnecessária a celebração de um segundo acordo.

Interessante análise sobre esse tema consta do Projeto de Decreto Legislativo nº 28/2015,[324] o qual visa a sustar alguns dos dispositivos do Decreto nº 8.420/2015:

> É que o acordo de leniência não é um mecanismo de perdão de atos ilícitos. Ela é um mecanismo facilitador da investigação, uma espécie de atalho por meio do qual a investigação pode progredir mais rapidamente, facilitando a responsabilização dos culpados e a recuperação dos recursos subtraídos do Patrimônio Público.
>
> Esses incentivos estão diretamente ligados ao requisito de que a empresa a realizar o acordo seja a primeira que concordou em auxiliar nas investigações.
>
> Como no caso hipotético do "dilema do prisioneiro", da célebre Teoria dos Jogos, para que a leniência cumpra sua função, as diversas empresas que tenham participado no esquema de corrupção devem ficar desconfiadas de que a qualquer momento uma delas fará o acordo de leniência, deixando todas as outras em situação dificílima, ao mesmo tempo em que livra a si mesma das punições. É com base nessa incerteza quanto à possibilidade de que as demais empresas podem, a qualquer hora, romper o silêncio e fazer o acordo, que uma das empresas acabará fazendo ela mesma a leniência.
>
> Já se as empresas souberem que todas podem se beneficiar da leniência, independentemente da ordem de propositura do acordo, o mais provável é que todas tentem, primeiro, uma estratégia defensiva conjunta, porquanto, se todas silenciarem, pode ser que nenhuma seja condenada. E, no final, se uma delas traísse o esquema, mesmo assim ainda restaria aberta a possibilidade de todas fazerem o mesmo acordo, depois de esgotadas todas as estratégias de defesa e quando a condenação já fosse certa.
>
> Portanto, não existe acordo de leniência sem o requisito de que ele beneficie apenas e tão somente a primeira empresa a propô-lo.

---

[324] Elaborado com fundamento no art. 49, incisos V e XI, da Constituição Federal.

Ou seja, a possibilidade de celebração de mais de um acordo de leniência sobre um mesmo fato enfraquece o próprio instituto, visto que nenhum dos coautores do ilícito sente-se pressionado a fazê-lo, o que acaba por induzir que nenhum o faça.

Essa questão, colocada pelo mencionado decreto legislativo, decorre do disposto no Decreto nº 8.420/2015, o qual, aparentemente, assim inovou em relação à norma legal:

Lei nº 12.846/2013	Decreto nº 8.420/2015
Art. 16 [..] §1º - O acordo de que trata o *caput* somente poderá ser celebrado se preenchidos, cumulativamente, os seguintes requisitos: I - a pessoa jurídica seja a primeira a se manifestar sobre o seu interesse em cooperar para a apuração do ato ilícito;	Art. 30. A pessoa jurídica que pretenda celebrar acordo de leniência deverá: I - ser a primeira a manifestar interesse em cooperar para a apuração de ato lesivo específico, *quando tal circunstância for relevante*;

Como visto, a norma infralegal mitigou a exigência para que a empresa seja a primeira a manifestar interesse em cooperar, pois se abriu amplo campo discricionário para a administração pública avaliar se tal exigência é relevante.

O já mencionado voto efetuado pelo Ministro Augusto Sherman Cavalcanti, do Tribunal de Contas da União, assim delineou a matéria:

> De se ver que a Lei estabeleceu como requisito que a pessoa jurídica seja a primeira a se manifestar, ao passo que o Decreto põe tal condição sob um exame de avaliação da relevância dessa circunstância, por parte da autoridade responsável pela celebração do acordo. Ou seja, não apenas o decreto disse mais do que a Lei, como também feriu frontalmente, a meu ver, condição imposta para a celebração de acordo, ao trazer disposição mitigadora do requisito, a qual pode ser interpretada como a possibilidade de que haja celebração de acordos de leniência não apenas com a primeira a manifestar o interesse na apuração do "ato lesivo específico", indicado no decreto, ou "ato ilícito", indicado na lei, mas também com outras empresas, e quem sabe com todas elas se essa circunstância de ser a primeira não for considerada relevante.
>
> Em minha visão, o regulamento parece não apenas extrapolar o limite do poder regulamentar próprio do decreto em relação à lei, mas também parece ferir frontalmente dispositivo de lei, colocando em segundo plano requisito previsto em lei ordinária para a celebração do acordo.

Com efeito, as evidências estão a indicar que esse dispositivo do decreto não só inovou em relação à norma legal, mas também desvirtuou seu sentido ao buscar estabelecer critérios diversos para a celebração de acordos de leniência. Cabe aguardar eventuais pronunciamentos jurisdicionais ou legislativos sobre a questão.

5.2.5.1.1 Colaboração referente a outros ilícitos ainda não objeto de apuração

Pode acontecer que, no bojo das negociações, a pessoa jurídica contribua para a apuração de ilícitos ainda não objeto de investigações e, portanto, fora do escopo inicial do acordo.

Por exemplo, o acordo de leniência versa sobre um contrato e a pessoa jurídica traz elementos referentes a irregularidades ocorridas em outros contratos.

Por certo, em ocorrendo essa hipótese, o escopo inicial do acordo deve ser considerado ampliado, bem como o objeto das investigações e do procedimento administrativo de responsabilização.

Em sendo assim, há de ser considerado que a celebrante do acordo foi a primeira a se manifestar também em relação a esses novos fatos, trazendo impedimentos para que os demais participantes desses novos ilícitos celebrem novos acordos de leniência.

5.2.5.2 Interrupção da prática da atividade ilícita, admissão da autoria e colaboração processual

Por certo, não é admissível que a pessoa jurídica se disponha a colaborar com as investigações por um lado e, por outro, mantenha a prática do ato ilícito objeto da cooperação. Assim, a norma legal impõe que a empresa acusada cesse completamente o seu envolvimento na infração investigada a partir da data de propositura do acordo.

Outra consequência da própria natureza do acordo de leniência é que a pessoa jurídica admita a sua participação na infração administrativa. Com efeito, seria contraditório com o acordo que a empresa infratora se comprometesse com a apuração do ilícito e se negasse a admitir a sua autoria.

A norma impõe, ainda, o requisito de que *a cooperação deve ser plena*. Ou seja, para a obtenção do acordo, a pessoa jurídica deve fornecer todas as informações que detém. O fornecimento de informações parciais, mesmo que úteis para o desenvolvimento do processo de apuração administrativa, não é suficiente para justificar a celebração do acordo de leniência.

Evita-se, dessa forma, por exemplo, que a empresa acusada obtenha o benefício, caso identifique alguns dos envolvidos na prática do ilícito, e proteja outros por qualquer razão.

Finalmente, a norma explicita que a cooperação deve ocorrer de forma permanente, enquanto perdurarem as investigações e o processo administrativo, sendo que a pessoa jurídica, sob suas expensas, deve comparecer perante a autoridade administrativa sempre que solicitada.

5.2.6 Efeitos do acordo de leniência

5.2.6.1 Amenização das sanções aplicáveis

A celebração do acordo de leniência e seu cumprimento pela pessoa jurídica colaboradora amenizarão as sanções a serem impostas às pessoas jurídicas da seguinte forma:

> Isenção das seguintes sanções
> I - publicação extraordinária da decisão condenatória.
> II - proibição de receber incentivos, subsídios, subvenções, doações ou empréstimos de órgãos ou entidades públicas e de instituições financeiras públicas ou controladas pelo poder público, pelo prazo mínimo de 1 (um) e máximo de 5 (cinco) anos.
>
> Isenção ou atenuação das seguintes sanções
> I - sanções administrativas previstas nas normas que regem as licitações públicas;
>
> Atenuação da seguinte sanção
> I - multa (redução em até 2/3);
>
> Ausência de repercussão sobre as seguintes sanções
> I - perdimento dos bens, direitos ou valores que representem vantagem obtida da infração;
> II - suspensão ou interdição parcial de atividades;
> III - dissolução compulsória.[325]

---

[325] §2º do art. 16 e art. 17 da Lei Anticorrupção.

Ou seja, das sanções previstas na Lei Anticorrupção, algumas devem constar obrigatoriamente no acordo de leniência e outras não devem constar em hipótese alguma.

5.2.6.1.1 Sanções sujeitas à avaliação discricionária

Há, contudo, um terceiro conjunto de sanções cuja inclusão no acordo de leniência ou a sua dosimetria devem ser objeto de negociação entre as partes. Confere-se aqui poder discricionário à autoridade responsável pela celebração do acordo para manter a devida proporcionalidade entre o nível de redução das penas e a abrangência e profundidade das informações fornecidas pela pessoa jurídica.

Dessa feita, quanto mais efetivas as colaborações para a identificação dos fatos e dos demais responsáveis pela sua prática, mais devem ser amenizadas as penas. Em sentido contrário, se as colaborações forem menos efetivas, menos devem ser amenizadas as penas.

Cabe observar que é requisito da celebração do acordo a efetividade da colaboração. Essa efetividade pode ser em maior ou menor grau, entretanto, ela deve existir minimamente para justificar a própria celebração do acordo de leniência.

Outro ponto a ser considerado é que a efetividade menor da colaboração deve decorrer não de vontade da pessoa jurídica colaboradora, mas da existência de dados que não são de seu conhecimento. Isso porque, consoante disposto na lei, a colaboração da empresa deve ser "plena", de forma que a cooperação deve ocorrer mediante todos os meios que estiverem a seu alcance.

5.2.6.1.2 Pena de multa

A Lei Anticorrupção, em seu art. 6º, estabelece o valor mínimo da pena de multa a ser aplicada. Em outro dispositivo, a mesma norma prevê a redução da multa aplicável no caso da celebração do acordo de leniência (art. 16, §2º).

Dúvidas surgem, entretanto, acerca de qual seria o valor mínimo da pena de multa quando ocorrer a celebração do acordo de leniência: se seria o limite geral pleno ou esse limite diminuído, de acordo com os parâmetros previstos no acordo.

Ora, considerando a finalidade da lei em estimular a prática de acordos de leniência para a comprovação das infrações, entende-se que a interpretação que melhor se coaduna com esse entendimento é aquela que mais potencializa as vantagens propiciadas à pessoa jurídica. Ou seja, admite-se que a celebração do acordo traz novos valores mínimos para a multa a ser aplicada.

Esse foi o entendimento adotado pelo Decreto nº 8.420/2015 ao dispor que:

> Art. 23. Com a assinatura do acordo de leniência, a multa aplicável será reduzida conforme a fração nele pactuada, observado o limite previsto no §2º do art. 16 da Lei nº 12.846, de 2013.
>
> §1º O valor da multa previsto no *caput* poderá ser inferior ao limite mínimo previsto no *art. 6º da Lei nº 12.846, de 2013*.

5.2.6.1.3 Sanções aplicáveis mediante procedimento judicial

Em regra, o acordo prevê a moderação das sanções aplicáveis mediante a via administrativa. Entretanto, ele deve abarcar também uma espécie de sanção aplicável mediante a via judicial.

Embora cause estranheza que uma autoridade administrativa possa afastar o leque de competências do Poder Judiciário, deve-se ter em mente que o titular do direito de punir é o Estado. Não há óbices, portanto, para que esse mesmo Estado restrinja esse seu poder. Ao se instituir uma sanção, podem ser colocadas algumas condições para o exercício desse poder punitivo. É o que acontece no presente caso, quando a aplicação de determinada pena pela via judicial está condicionada à inexistência de acordo de leniência.

Há, aqui, uma mitigação do princípio da independência entre as instâncias administrativa e judicial. Essa mitigação, entretanto, não parece chegar ao ponto de permitir que a celebração superveniente de um acordo de leniência repercuta sobre os efeitos de uma decisão judicial condenatória já proferida. Trata-se, por certo, de questão controvertida que deve ser ulteriormente objeto de entendimento jurisprudencial.

Outras três sanções de caráter judicial, entretanto, não podem ser abrangidas pelo acordo de leniência.

As duas primeiras se referem ao funcionamento da pessoa jurídica (dissolução compulsória e suspensão de atividades). São sanções mais severas e que devem ser aplicadas quando ocorrerem infrações de caráter gravíssimo e que comprometam a própria razão de ser da pessoa jurídica. Nesse caso, o legislador considerou que a avaliação da pertinência de aplicação das sanções estivesse restrita ao Poder Judiciário.

A outra sanção se refere ao perdimento de bens que representem vantagens indevidas. Trata-se, aqui, de uma sanção também com caráter indenizatório e que visa a evitar o enriquecimento sem causa do infrator. As características dessa pena possivelmente motivaram o legislador a afastá-la do espectro de abrangência do acordo de leniência.

5.2.6.2 Ressarcimento do dano

O acordo de leniência não exime a pessoa jurídica da obrigação de reparar integralmente o dano causado.[326]

Com efeito, a cooperação para a apuração do ilícito não deve servir de fundamento para o enriquecimento sem causa da pessoa jurídica.

Por outro lado, seria recomendável que constasse do acordo a obrigatoriedade de ressarcimento do dano por parte da pessoa jurídica, de forma a aumentar as vantagens advindas de sua celebração para a administração pública.

Por certo, para que constasse essa disposição do acordo, seria necessário que já houvesse a fixação do valor do prejuízo sofrido pelo erário, sendo necessário observar as disposições normativas pertinentes.[327] Entretanto, como é de se esperar que a celebração do acordo ocorra nos estágios iniciais do procedimento de apuração de responsabilidade, é possível que não se tenha uma quantificação do dano nesse momento.

Outra hipótese é que conste do acordo a parcela incontroversa do dano – admitida pela pessoa jurídica –, sem prejuízo de ulteriores apurações que possam melhor quantificar esse prejuízo.

De qualquer forma, até em razão da ausência de disposição legal, cabe observar que o eventual ressarcimento do dano efetuado no bojo do acordo de leniência não vincula a atuação do Poder Judiciário e de outras esferas de apuração, como os Tribunais de Contas. Ou seja, o eventual ressarcimento de dano previsto no acordo não constitui uma quitação plena acerca dos prejuízos decorrentes de determinado ilícito.

Nessa seara, cabe destacar a diferença de metodologias de cálculo de prejuízos adotada pelo Tribunal de Contas da União e aquela adotada pela Controladoria-Geral da União ou órgão/entidade lesado.

---

[26] Art. 16, §3º, da Lei Anticorrupção.
[27] Veja-se o item 4.3 deste livro.

Por meio do Acórdão nº 1990/2015-Plenário[328] do TCU, foram bem demonstradas essas diferenças quando se apreciaram os preços praticados em uma das unidades das obras de implantação da Refinaria Abreu e Lima (Rnest) pela Petrobras, a qual foi um dos objetos da investigação policial denominada "Operação Lava Jato". Pelos cálculos da Corte de Contas, que tomaram por base documentos fiscais e comerciais da empresa contratada e outros parâmetros, apurou-se, preliminarmente, um sobrepreço da ordem de 86%. Já os cálculos preliminares da Petrobras tomaram apenas em conta os depoimentos de acusados, os quais relataram uma "taxa de corrupção" da ordem de 3%.

5.2.6.3 Descumprimento do acordo firmado

Em caso de descumprimento do acordo de leniência, por falta imputável à pessoa jurídica colaboradora, ela ficará impedida de celebrar novo acordo pelo prazo de três anos, contados a partir do conhecimento, pela administração pública, do referido descumprimento.[329]

Devem ainda ser adotadas as seguintes providências:

> II- haverá o vencimento antecipado das parcelas não pagas e serão executados:
>
> a) o valor integral da multa, descontando-se as frações eventualmente já pagas; e
>
> b) os valores pertinentes aos danos e ao enriquecimento ilícito;
>
> III - será instaurado ou retomado o PAR referente aos atos e fatos incluídos no acordo, conforme o caso.[330]

O Decreto nº 8.420/2015 estabelece também que:

> Art. 23: §2º No caso de a autoridade signatária declarar o descumprimento do acordo de leniência por falta imputável à pessoa jurídica colaboradora, o valor integral encontrado antes da redução de que trata o *caput* será cobrado na forma da Seção IV, descontando-se as frações da multa eventualmente já pagas.

---

[328] Relator Ministro Benjamin Zymler, Sessão de 12.08.2015.
[329] §8º do art. 16 da Lei Anticorrupção.
[330] Art. 11 da Portaria Interministerial nº 2.278/2016.

Uma leitura isolada desse dispositivo pode levar à conclusão de que o mero descumprimento do acordo de leniência implicaria a imposição automática da sanção de multa. Por certo, tal entendimento não encontra amparo na cláusula constitucional do devido processo legal, pois redundaria na aplicação de sanção sem o respeito ao contraditório e à ampla defesa.

Em sendo assim, deve-se entender a possiblidade de cobrança da multa como decorrência da continuidade do procedimento de responsabilização da pessoa jurídica, na hipótese de ser confirmada a sua responsabilidade.

5.2.7 Elaboração do acordo

5.2.7.1 Proposta

O acordo de leniência *deverá ser proposto pela pessoa jurídica*, quer por meio de seus representantes, na forma de seu estatuto ou contrato social, quer por meio de procurador com poderes específicos para tal ato.[331]

A proposta poderá ser feita até a conclusão do relatório a ser elaborado no PAR,[332] sendo apresentada de forma oral ou escrita.

Quando da elaboração da proposta, a pessoa jurídica deverá ser expressamente orientada a respeito de seus direitos, garantias e deveres legais e de que o não atendimento às determinações e solicitações da autoridade competente durante a etapa de negociação importará a desistência da proposta.[333] Cabe à proponente expressamente declarar que recebeu essas orientações.

Diante do recebimento da proposta, a comissão responsável pela condução da negociação deverá:

I - avaliar os elementos trazidos pela pessoa jurídica proponente que demonstrem:

I - esclarecer à pessoa jurídica proponente os requisitos legais necessários para a celebração de acordo de leniência;

II - avaliar se os elementos trazidos pela pessoa jurídica proponente atendem aos seguintes requisitos:

---

[331] §1º do art. 30 do Decreto nº 8.420/2015.
[332] §2º do art. 30 do Decreto nº 8.420/2015.
[333] Art. 31 do Decreto nº 8.420/2015.

a) ser a primeira a manifestar interesse em cooperar para a apuração de ato lesivo específico, quando tal circunstância for relevante;

b) a admissão de sua participação na infração administrativa;

c) o compromisso de ter cessado completamente o seu envolvimento no ato lesivo;

d) a efetividade da cooperação ofertada pela proponente às investigações e ao processo administrativo; e

e) a identificação dos servidores e particulares envolvidos na infração administrativa.

III - proceder à avaliação do programa de integridade, caso existente, nos termos de regulamento específico do Ministério da Transparência, Fiscalização e Controladoria-Geral da União - CGU;

IV - propor cláusulas e obrigações para o acordo de leniência que, diante das circunstâncias do caso concreto, reputem-se necessárias para assegurar:

a) a efetividade da colaboração e o resultado útil do processo;

b) o comprometimento da pessoa jurídica em promover alterações em sua governança que mitiguem o risco de ocorrência de novos atos lesivos

c) a obrigação da pessoa jurídica em adotar, aplicar ou aperfeiçoar programa de integridade;

d) o monitoramento eficaz dos compromissos firmados no acordo de leniência; e

e) a reparação do dano identificado ou a subsistência desta obrigação

V - negociar os valores a serem ressarcidos, com base em critérios de eficiência, preservando-se a obrigação da pessoa jurídica de reparar integralmente o dano causado;[334]

5.2.7.2 Negociação

5.2.7.2.1 Memorando de entendimentos

Poderá ser firmado memorando de entendimentos entre a pessoa jurídica proponente e a Controladoria-Geral da União para formalizar a proposta e definir os parâmetros do acordo de leniência.[335]

---

[334] Art. 30 da Portaria Interministerial nº 2.278/2016.
[335] §2º do art. 31 do Decreto nº 8.420/2015.

5.2.7.2.3 Rejeição ou desistência do acordo

A norma legal estabelece que a rejeição da proposta de acordo de leniência *não importará em reconhecimento da prática do ato lesivo investigado* e tampouco implicará qualquer divulgação dessa rejeição.[336]

Entretanto, por analogia, esse entendimento deve ser aplicado também quando houver a *desistência* do acordo por parte da pessoa jurídica. Esse, inclusive, foi o entendimento adotado por meio da Portaria Interministerial nº 2.278/2016.[337]

Em ambos os casos, os documentos apresentados durante a negociação deverão ser devolvidos, sem retenção de cópias, à pessoa jurídica proponente, e será vedado o seu uso para fins de responsabilização, exceto quando a administração pública tiver conhecimento deles independentemente da apresentação da proposta do acordo de leniência.[338]

A desistência da proposta de acordo poderá ocorrer a qualquer momento que anteceda a sua assinatura.[339]

5.2.7.2.4 Prazo

A negociação a respeito da proposta do acordo de leniência deverá ser concluída no prazo de cento e oitenta dias, contado da data de apresentação da proposta. A critério da Controladoria-Geral da União, esse prazo poderá ser prorrogado, caso estejam presentes circunstâncias que o exijam.[340]

5.2.7.3 Conclusão do acordo

5.2.7.3.1 Cláusulas

O acordo de leniência estipulará as condições para assegurar a efetividade da colaboração e o resultado útil do processo, do qual constarão cláusulas e obrigações que, diante das circunstâncias do caso concreto, reputem-se necessárias.[341] Dentre essas cláusulas, devem constar aquelas que versem sobre:

---

[336] §7º do art. 16 da Lei Anticorrupção e art. 33 do Decreto nº 8.420/2015.
[337] Art. 6º.
[338] Art. 35 do Decreto nº 8.420/2015.
[339] Art. 34 do Decreto nº 8.420/2015.
[340] Art. 32 do Decreto nº 8.420/2015.
[341] Art. 36 do Decreto nº 8.420/2015.

I - delimitação dos fatos e atos por ele abrangidos;

II - compromisso de cumprimento dos requisitos previstos para a celebração do acordo:

- ter cessado completamente seu envolvimento no ato lesivo a partir da data da propositura do acordo;

- admitir sua participação na infração administrativa

- cooperar plena e permanentemente com as investigações e o processo administrativo e comparecer, sob suas expensas e sempre que solicitada, aos atos processuais, até o seu encerramento;

- fornecer informações, documentos e elementos que comprovem a infração administrativa.

III - descrição dos benefícios pactuados e a perda dos benefícios pactuados, em caso de descumprimento do acordo;

IV - natureza de título executivo extrajudicial do instrumento do acordo.

V - adoção, aplicação ou aperfeiçoamento de programa de integridade

VI - prazo e forma de acompanhamento, pela CGU, do cumprimento das condições nele estabelecidas.[342]

5.2.7.3.2 Acompanhamento

Concluído o acompanhamento do cumprimento do acordo e verificado o seu adimplemento, o acordo será considerado definitivamente cumprido por meio de ato do Ministro de Estado Chefe da CGU, que declarará:

I - a isenção ou o cumprimento das sanções previstas no inciso II do art. 6º e no inciso IV do art. 19 da Lei nº 12.846, de 1º de agosto de 2013 bem como demais sanções aplicáveis ao caso;

II - o cumprimento da sanção prevista no inciso I do art. 6º da Lei nº 12.846, de 1º de agosto de 2013; e

III - o atendimento, de forma plena e satisfatória, dos compromissos assumidos de que tratam os incisos I e IV do art. 37 do Decreto nº 8.420 de 18 de março de 2015.[343]

---

[342] Art. 37 do Decreto nº 8.420/2015.
[343] Art. 12 da Portaria Interministerial nº 2.278/2016.

Conclusão

A Lei Anticorrupção Empresarial foi editada dentro de um contexto de expansão das atividades da *administração pública ativa em geral* e, em especial, dos setores de controle interno e de controladoria a cargo do Poder Executivo de cada ente da Federação.

Essa expansão de atividades, por certo, amplia as hipóteses de responsabilização daqueles que atentem contra a administração pública. Com esse movimento legislativo, busca-se preencher determinada lacuna jurídica que eventualmente permita que a prática de determinados ilícitos não tenha a necessária e correspondente sanção. A própria Lei Anticorrupção é um exemplo de que faltavam mecanismos para a ocorrência da responsabilização de pessoas jurídicas.

Entretanto, a ampliação dos mecanismos de proteção da administração pública está a ocorrer de forma desordenada e sem que haja a preocupação de otimizar os esforços dos agentes públicos e instituições que detêm tais prerrogativas. Nessa linha, a inserção no ordenamento positivo da Lei Anticorrupção foi, de certa forma, assistemática, ao não levar em consideração as diversas instâncias de responsabilização por atos ilícitos contra a administração pública.

É crescente, pois, a possibilidade de que haja esforços e atuações redundantes que acabam por comprometer ou prejudicar os empenhos empreendidos para combater a corrupção na sociedade brasileira. Isso, porque, sempre haverá um limite, quer de orçamento, quer de pessoal, para qualquer atuação governamental ou privada, inclusive aquela referente ao combate de ilícitos praticados contra a administração pública. Assim, qualquer desperdício de esforços propiciará que alguma prática ilícita deixará de ser combatida adequadamente.

Ademais, as incertezas acerca dos limites de atuação de cada ator poderão gerar diversas controvérsias jurídicas que inevitavelmente retardam os procedimentos. Some-se a isso, a insegurança jurídica decorrente dos limites de cada instância de apuração (*v.g.* abrangência dos efeitos do acordo de leniência sobre a atuação do TCU), a possibilidade de decisões contraditórias e a ocorrência de sanções em duplicidade pelo mesmo fato.

Surgem dúvidas, pois, acerca da eficácia da diluição dos processos administrativos e judiciais.

Essa diluição de processos também torna desnecessariamente tortuosa a atuação dos jurisdicionados e cidadãos que, de alguma forma, são alcançados por esse sistema de responsabilização. Isso, porque pode acontecer que, em decorrência dos mesmos fatos, o administrado tenha que prestar esclarecimentos em múltiplas instâncias, as quais são regidas por regras processuais distintas e diferentes critérios de valoração por parte dos julgadores.

Sob essa ótica, embora possa ser considerado pertinente o advento da Lei Anticorrupção para os fins que se propõe, perde-se mais uma vez a oportunidade de se rediscutir a atuação de todos os agentes e instituições envolvidos no amplo assunto de combate à corrupção. Com a janela de oportunidades e discussões propiciada pelo advento dessa norma legal, poder-se-ia definir a atuação de cada ator de forma a serem evitados conflitos de atribuições e permitir que o sistema como um todo funcione com a máxima eficácia.

A necessidade de diretrizes para harmonizar as múltiplas instâncias de apuração de responsabilidades por ilícitos contra a administração é evidenciada pela quantidade de caminhos que podem ser adotados nesse sentido:
- Processo Administrativo Disciplinar – PAD (Lei nº 8.112/1990 no caso da União);
- Lei de Improbidade Administrativa (Lei nº 8.429/1992);
- Lei Anticorrupção Empresarial (Lei nº 12.846/2013);
- Lei da Ação Popular (Lei nº 4.717/1965);
- Tomada de contas especial a cargo dos Tribunais de Contas;
- Ações penais;
- Sanções decorrentes das normas de licitações públicas.

Essa quantidade de instâncias de apuração é potencializada quando se constata que muitos desses instrumentos são replicados nos diversos entes da Federação.

Entretanto, de forma contrária ao esperado, a Lei Anticorrupção trouxe mais pontos de tensão entre os atores do sistema de combate aos ilícitos contra a administração pública. Um exemplo evidente é a superposição de atribuições entre a Controladoria-Geral da União e o Tribunal de Contas da União, gerando possíveis *zonas de conflito*.

Assim ocorre, por exemplo, com as seguintes atribuições conferidas à administração ativa pela Lei Anticorrupção, as quais se situam em uma zona de superposição com as competências constitucionais do TCU:
- aplicar sanções a empresas em decorrência de ilícitos administrativos, em especial referentes a licitações e contratos;

- apurar prejuízos ao erário causados por empresas com a constituição de título executivo.

É patente, pois, a necessidade de que haja uma revisão da atuação de todas as instituições públicas que buscam a apuração de ilícitos praticados contra a administração pública, de forma a tornar mais efetivo o sistema como um todo e evitar redundância de esforços.

Possivelmente, essa nova forma de atuação das instituições deva ser acompanhada de alterações legislativas e do fortalecimento da cultura de interlocução entre os órgãos, a qual deve possibilitar que cada qual contribua com suas expertises e prerrogativas para um objetivo comum.

Um exemplo recente da importância da colaboração institucional é a decisão do Poder Judiciário de compartilhar com o TCU informações obtidas com as investigações de corrupção na Petrobras ("Operação Lava Jato"). Trata-se de procedimento pioneiro, já apresentando resultados promissores, que deve balizar futuras cooperações entre todas as instituições incumbidas de combater práticas ilícitas contra o patrimônio público.

REFERÊNCIAS

ALBUQUERQUE, Ana Claudia de Paula. A responsabilidade objetiva administrativa da empresa na Lei nº 12.846/2013. *Revista Brasileira de Estudos da Função Pública – RBEFP*, Belo Horizonte, ano 3, n. 9, set./dez. 2014. Disponível em: http://bid.editoraforum.com.br/bid/PDI0006.aspx?pdiCntd=230851. Acesso em: 01 abr. 2015.

BANDEIRA DE MELLO, Celso Antônio. *Curso de direito administrativo*. 26. ed. rev. atual. até a Emenda Constitucional 57, de 18.12.2008. São Paulo: Malheiros, 2009.

BARROSO, Luís Roberto. *Temas de Direito Constitucional*. 2. ed. Rio de Janeiro: Renovar, 2002.

CAPEZ, Fernando. *Curso de Direito Penal*: parte geral. 12. ed. São Paulo: Saraiva, 2008. v. 1.

DEBBIO, A. Del; MAEDA, B. C.; AYRES C. H. S. (Coord.). *Temas de anticorrupção e compliance*. Rio de Janeiro: Elsevier, 2013.

DI PIETRO, Maria Sylvia Zanella. *Direito administrativo*. 22. ed. São Paulo: Atlas, 2009.

DINIZ, Maria Helena. *Lei de Introdução ao Código Civil brasileiro interpretada*. 15. ed. São Paulo: Saraiva, 2010.

DINIZ, Maria Helena. *Curso de direito civil brasileiro*: teoria geral do direito civil. 26. ed. São Paulo: Saraiva, 2009.

DINO NETO, Nicolau et al. *Crimes e infrações administrativas ambientais*. Belo Horizonte: Del Rey, 2011.

GONÇALVES, Carlos Roberto. *Responsabilidade civil de acordo com o novo código civil*. 9. ed. São Paulo, 2005.

GRECO, Rogério. *Curso de direito penal*: parte geral. 13. ed. Rio de Janeiro: Impetus, 2011.

JUSTEN FILHO, Marçal. *Curso de Direito Administrativo*. 11. ed. São Paulo: Revista dos Tribunais, 2015.

JUSTEN FILHO, Marçal. A "Nova" Lei Anticorrupção Brasileira (Lei Federal nº 12.846). *Informativo Justen, Pereira, Oliveira e Talamini*, Curitiba, n. 82, dezembro de 2013. Disponível em: http://www.justen.com.br/informativo. Acesso em: 31 mar. 2015.

MEIRELLES, Hely Lopes. *Direito Administrativo Brasileiro*. 26. ed. São Paulo: Malheiros, 2001.

MORAES, Alexandre de. *Direitos humanos fundamentais*: teoria geral: comentários aos arts. 1º ao 5º da Constituição da República Federativa do Brasil. 7. ed. São Paulo: Atlas, 2006.

OSÓRIO, Fábio Medina. *Direito administrativo sancionador*. 2. ed. São Paulo: Revista dos Tribunais, 2006.

OSÓRIO, Fábio Medina. Lei Anticorrupção dá margem a conceitos perigosos. *Boletim de Notícias Conjur*. Disponível em: http://www.conjur.com.br/2013-set-20/lei-anticorrupcao-observar-regime-direito-administrativo-sancionador. Acesso em: 31 mar. 2015.

PORTAL DA TRANSPARÊNCIA. Disponível em: http://www.portaldatransparencia. gov.br/ceis/SaibaMais.seam. Acesso em: 15 mai. 2015.

REZEK, José Francisco. *Direito internacional público*. 12. ed. rev. e atual. São Paulo: Saraiva, 2010.

SEABRA FAGUNDES, Miguel. *O controle dos atos administrativos pelo Poder Judiciário* 7. ed. atualizada por Gustavo Binenbojm. Rio de Janeiro: Forense, 2005.

SIMESTER, A. G.; SULLIVAN, G. R. *Criminal law*: theory and doctrine. 2. ed. Oxford Hart Pulishing, 2003.

TRIBUNAL DE CONTAS DA UNIÃO – TCU. *Relatório efetuado por Grupo de Estudos constituído pela Presidência do TCU*. Portaria-TCU nº 55, de 21 de fevereiro de 2014.

ZYMLER, Benjamin. *Direito administrativo e controle*. 4. ed. Belo Horizonte: Fórum, 2015.

ZYMLER, Benjamin; DIOS, Laureano. *Regime diferenciado de contratação*. 3. ed. Belo Horizonte: Fórum, 2014.

ANEXOS

ANEXO A

LEI Nº 12.846, DE 1º DE AGOSTO DE 2013

Dispõe sobre a responsabilização administrativa e civil de pessoas jurídicas pela prática de atos contra a administração pública, nacional ou estrangeira, e dá outras providências.

A PRESIDENTA DA REPÚBLICA. Faço saber que o Congresso Nacional decreta e eu sanciono a seguinte Lei:

CAPÍTULO I
DISPOSIÇÕES GERAIS

Art. 1º Esta Lei dispõe sobre a responsabilização objetiva administrativa e civil de pessoas jurídicas pela prática de atos contra a administração pública, nacional ou estrangeira.

Parágrafo único. Aplica-se o disposto nesta Lei às sociedades empresárias e às sociedades simples, personificadas ou não, independentemente da forma de organização ou modelo societário adotado, bem como a quaisquer fundações, associações de entidades ou pessoas, ou sociedades estrangeiras, que tenham sede, filial ou representação no território brasileiro, constituídas de fato ou de direito, ainda que temporariamente.

Art. 2º As pessoas jurídicas serão responsabilizadas objetivamente, nos âmbitos administrativo e civil, pelos atos lesivos previstos nesta Lei praticados em seu interesse ou benefício, exclusivo ou não.

Art. 3º A responsabilização da pessoa jurídica não exclui a responsabilidade individual de seus dirigentes ou administradores ou de qualquer pessoa natural, autora, coautora ou partícipe do ato ilícito.

§1º A pessoa jurídica será responsabilizada independentemente da responsabilização individual das pessoas naturais referidas no caput.

§2º Os dirigentes ou administradores somente serão responsabilizados por atos ilícitos na medida da sua culpabilidade.

Art. 4º Subsiste a responsabilidade da pessoa jurídica na hipótese de alteração contratual, transformação, incorporação, fusão ou cisão societária.

§1º Nas hipóteses de fusão e incorporação, a responsabilidade da sucessora será restrita à obrigação de pagamento de multa e reparação integral do dano causado, até o limite do patrimônio transferido, não lhe sendo aplicáveis as demais sanções previstas nesta Lei decorrentes de atos e fatos ocorridos antes da data da fusão ou incorporação, exceto no caso de simulação ou evidente intuito de fraude, devidamente comprovados.

§2º As sociedades controladoras, controladas, coligadas ou, no âmbito do respectivo contrato, as consorciadas serão solidariamente responsáveis pela prática dos atos previstos nesta Lei, restringindo-se tal responsabilidade à obrigação de pagamento de multa e reparação integral do dano causado.

CAPÍTULO II
DOS ATOS LESIVOS À ADMINISTRAÇÃO PÚBLICA NACIONAL OU ESTRANGEIRA

Art. 5º Constituem atos lesivos à administração pública, nacional ou estrangeira, para os fins desta Lei, todos aqueles praticados pelas pessoas jurídicas mencionadas no parágrafo único do art. 1º, que atentem contra o patrimônio público nacional ou estrangeiro, contra princípios da administração pública ou contra os compromissos internacionais assumidos pelo Brasil, assim definidos:

I - prometer, oferecer ou dar, direta ou indiretamente, vantagem indevida a agente público, ou a terceira pessoa a ele relacionada;

II - comprovadamente, financiar, custear, patrocinar ou de qualquer modo subvencionar a prática dos atos ilícitos previstos nesta Lei;

III - comprovadamente, utilizar-se de interposta pessoa física ou jurídica para ocultar ou dissimular seus reais interesses ou a identidade dos beneficiários dos atos praticados;

IV - no tocante a licitações e contratos:

a) frustrar ou fraudar, mediante ajuste, combinação ou qualquer outro expediente, o caráter competitivo de procedimento licitatório público;

b) impedir, perturbar ou fraudar a realização de qualquer ato de procedimento licitatório público;

c) afastar ou procurar afastar licitante, por meio de fraude ou oferecimento de vantagem de qualquer tipo;

d) fraudar licitação pública ou contrato dela decorrente;

e) criar, de modo fraudulento ou irregular, pessoa jurídica para participar de licitação pública ou celebrar contrato administrativo;

f) obter vantagem ou benefício indevido, de modo fraudulento, de modificações ou prorrogações de contratos celebrados com a administração pública, sem autorização em lei, no ato convocatório da licitação pública ou nos respectivos instrumentos contratuais; ou

g) manipular ou fraudar o equilíbrio econômico-financeiro dos contratos celebrados com a administração pública;

V - dificultar atividade de investigação ou fiscalização de órgãos, entidades ou agentes públicos, ou intervir em sua atuação, inclusive no âmbito das agências reguladoras e dos órgãos de fiscalização do sistema financeiro nacional.

§1º Considera-se administração pública estrangeira os órgãos e entidades estatais ou representações diplomáticas de país estrangeiro, de qualquer nível ou esfera de governo, bem como as pessoas jurídicas controladas, direta ou indiretamente, pelo poder público de país estrangeiro.

§2º Para os efeitos desta Lei, equiparam-se à administração pública estrangeira as organizações públicas internacionais.

§3º Considera-se agente público estrangeiro, para os fins desta Lei, quem ainda que transitoriamente ou sem remuneração, exerça cargo, emprego ou função pública em órgãos, entidades estatais ou em representações diplomáticas de país estrangeiro, assim como em pessoas jurídicas controladas, direta ou indiretamente pelo poder público de país estrangeiro ou em organizações públicas internacionais.

CAPÍTULO III
DA RESPONSABILIZAÇÃO ADMINISTRATIVA

Art. 6º Na esfera administrativa, serão aplicadas às pessoas jurídicas consideradas responsáveis pelos atos lesivos previstos nesta Lei as seguintes sanções:

I - multa, no valor de 0,1% (um décimo por cento) a 20% (vinte por cento) do faturamento bruto do último exercício anterior ao da instauração do processo administrativo, excluídos os tributos, a qual nunca será inferior à vantagem auferida, quando for possível sua estimação;

II - publicação extraordinária da decisão condenatória.

§1º As sanções serão aplicadas fundamentadamente, isolada ou cumulativamente de acordo com as peculiaridades do caso concreto e com a gravidade e natureza das infrações.

§2º A aplicação das sanções previstas neste artigo será precedida da manifestação jurídica elaborada pela Advocacia Pública ou pelo órgão de assistência jurídica, ou equivalente, do ente público.

§3º A aplicação das sanções previstas neste artigo não exclui, em qualquer hipótese, obrigação da reparação integral do dano causado.

§4º Na hipótese do inciso I do caput, caso não seja possível utilizar o critério do valor do faturamento bruto da pessoa jurídica, a multa será de R$6.000,00 (seis mil reais) a R$60.000.000,00 (sessenta milhões de reais).

§5º A publicação extraordinária da decisão condenatória ocorrerá na forma de extrato de sentença, a expensas da pessoa jurídica, em meios de comunicação de grande circulação na área da prática da infração e de atuação da pessoa jurídica ou, na sua falta, em publicação de circulação nacional, bem como por meio de afixação de edital, pelo prazo mínimo de 30 (trinta) dias, no próprio estabelecimento ou no local de exercício da atividade, de modo visível ao público, e no sítio eletrônico na rede mundial de computadores.

§6º (VETADO).

Art. 7º Serão levados em consideração na aplicação das sanções:

I - a gravidade da infração;

II - a vantagem auferida ou pretendida pelo infrator;

III - a consumação ou não da infração;

IV - o grau de lesão ou perigo de lesão;

V - o efeito negativo produzido pela infração;

VI - a situação econômica do infrator;

VII - a cooperação da pessoa jurídica para a apuração das infrações;

VIII - a existência de mecanismos e procedimentos internos de integridade, auditoria e incentivo à denúncia de irregularidades e a aplicação efetiva de códigos de ética e de conduta no âmbito da pessoa jurídica;

IX - o valor dos contratos mantidos pela pessoa jurídica com o órgão ou entidade pública lesados; e

X - (VETADO).

Parágrafo único. Os parâmetros de avaliação de mecanismos e procedimentos previstos no inciso VIII do caput serão estabelecidos em regulamento do Poder Executivo federal.

CAPÍTULO IV
DO PROCESSO ADMINISTRATIVO DE RESPONSABILIZAÇÃO

Art. 8º A instauração e o julgamento de processo administrativo para apuração da responsabilidade de pessoa jurídica cabem à autoridade máxima de cada órgão ou entidade dos Poderes Executivo, Legislativo e Judiciário, que agirá de ofício ou mediante provocação, observados o contraditório e a ampla defesa.

§1º A competência para a instauração e o julgamento do processo administrativo de apuração de responsabilidade da pessoa jurídica poderá ser delegada, vedada a subdelegação.

§2º No âmbito do Poder Executivo federal, a Controladoria-Geral da União - CGU terá competência concorrente para instaurar processos administrativos de responsabilização de pessoas jurídicas ou para avocar os processos instaurados com fundamento nesta Lei, para exame de sua regularidade ou para corrigir-lhes o andamento.

Art. 9º Competem à Controladoria-Geral da União - CGU a apuração, o processo e o julgamento dos atos ilícitos previstos nesta Lei, praticados contra a administração pública estrangeira, observado o disposto no Artigo 4 da Convenção sobre o Combate da Corrupção de Funcionários Públicos Estrangeiros em Transações Comerciais Internacionais, promulgada pelo Decreto nº 3.678, de 30 de novembro de 2000.

Art. 10. O processo administrativo para apuração da responsabilidade de pessoa jurídica será conduzido por comissão designada pela autoridade instauradora e composta por 2 (dois) ou mais servidores estáveis.

§1º O ente público, por meio do seu órgão de representação judicial, ou equivalente, a pedido da comissão a que se refere o caput, poderá requerer as medidas judiciais necessárias para a investigação e o processamento das infrações, inclusive de busca e apreensão.

§2º A comissão poderá, cautelarmente, propor à autoridade instauradora que suspenda os efeitos do ato ou processo objeto da investigação.

§3º A comissão deverá concluir o processo no prazo de 180 (cento e oitenta) dias contados da data da publicação do ato que a instituir e, ao final, apresentar relatórios sobre os fatos apurados e eventual responsabilidade da pessoa jurídica, sugerindo de forma motivada as sanções a serem aplicadas.

§4º O prazo previsto no §3º poderá ser prorrogado, mediante ato fundamentado da autoridade instauradora.

Art. 11. No processo administrativo para apuração de responsabilidade, será concedido à pessoa jurídica prazo de 30 (trinta) dias para defesa, contados a partir da intimação.

Art. 12. O processo administrativo, com o relatório da comissão, será remetido à autoridade instauradora, na forma do art. 10, para julgamento.

Art. 13. A instauração de processo administrativo específico de reparação integral do dano não prejudica a aplicação imediata das sanções estabelecidas nesta Lei.

Parágrafo único. Concluído o processo e não havendo pagamento, o crédito apurado será inscrito em dívida ativa da fazenda pública.

Art. 14. A personalidade jurídica poderá ser desconsiderada sempre que utilizada com abuso do direito para facilitar, encobrir ou dissimular a prática dos atos ilícitos previstos nesta Lei ou para provocar confusão patrimonial, sendo estendidos todos os efeitos das sanções aplicadas à pessoa jurídica aos seus administradores e sócios com poderes de administração, observados o contraditório e a ampla defesa.

Art. 15. A comissão designada para apuração da responsabilidade de pessoa jurídica, após a conclusão do procedimento administrativo, dará conhecimento ao Ministério Público de sua existência, para apuração de eventuais delitos.

CAPÍTULO V
DO ACORDO DE LENIÊNCIA

Art. 16. A autoridade máxima de cada órgão ou entidade pública poderá celebrar acordo de leniência com as pessoas jurídicas responsáveis pela prática dos atos previstos nesta Lei que colaborem efetivamente com as investigações e o processo administrativo, sendo que dessa colaboração resulte:

I - a identificação dos demais envolvidos na infração, quando couber; e

II - a obtenção célere de informações e documentos que comprovem o ilícito sob apuração.

§1º O acordo de que trata o caput somente poderá ser celebrado se preenchidos cumulativamente, os seguintes requisitos

I - a pessoa jurídica seja a primeira a se manifestar sobre seu interesse em cooperar para a apuração do ato ilícito;

II - a pessoa jurídica cesse completamente seu envolvimento na infração investigada a partir da data de propositura do acordo

III - a pessoa jurídica admita sua participação no ilícito e coopere plena e permanentemente com as investigações e o processo administrativo, comparecendo, sob suas expensas, sempre que solicitada, a todos os atos processuais, até seu encerramento

§2º A celebração do acordo de leniência isentará a pessoa jurídica das sanções previstas no inciso II do art. 6º e no inciso IV do art. 19 e reduzirá em até 2/3 (dois terços) o valor da multa aplicável.

§3º O acordo de leniência não exime a pessoa jurídica da obrigação de reparar integralmente o dano causado.

§4º O acordo de leniência estipulará as condições necessárias para assegurar a efetividade da colaboração e o resultado útil do processo.

§5º Os efeitos do acordo de leniência serão estendidos às pessoas jurídicas que integram o mesmo grupo econômico, de fato e de direito, desde que firmem o acordo em conjunto, respeitadas as condições nele estabelecidas.

§6º A proposta de acordo de leniência somente se tornará pública após a efetivação do respectivo acordo, salvo no interesse das investigações e do processo administrativo.

§7º Não importará em reconhecimento da prática do ato ilícito investigado proposta de acordo de leniência rejeitada

§8º Em caso de descumprimento do acordo de leniência, a pessoa jurídica ficará impedida de celebrar novo acordo pelo prazo de 3 (três) anos contados do conhecimento pela administração pública do referido descumprimento.

§9º A celebração do acordo de leniência interrompe o prazo prescricional dos atos ilícitos previstos nesta Lei.

§10. A Controladoria-Geral da União - CGU é o órgão competente para celebrar os acordos de leniência no âmbito do Poder Executivo federal, bem como no caso de atos lesivos praticados contra a administração pública estrangeira.

Art. 17. A administração pública poderá também celebrar acordo de leniência com a pessoa jurídica responsável pela prática de ilícitos previstos na Lei nº 8.666, de 21 de junho de 1993, com vistas à isenção ou atenuação das sanções administrativas estabelecidas em seus arts. 86 a 88.

CAPÍTULO VI
DA RESPONSABILIZAÇÃO JUDICIAL

Art. 18. Na esfera administrativa, a responsabilidade da pessoa jurídica não afasta a possibilidade de sua responsabilização na esfera judicial.

Art. 19. Em razão da prática de atos previstos no art. 5º desta Lei, a União, os Estados, o Distrito Federal e os Municípios, por meio das respectivas Advocacias Públicas ou órgãos de representação judicial, ou equivalentes, e o Ministério Público, poderão ajuizar ação com vistas à aplicação das seguintes sanções às pessoas jurídicas infratoras:

I - perdimento dos bens, direitos ou valores que representem vantagem ou proveito direta ou indiretamente obtidos da infração, ressalvado o direito do lesado ou de terceiro de boa-fé;

II - suspensão ou interdição parcial de suas atividades;

III - dissolução compulsória da pessoa jurídica;

IV - proibição de receber incentivos, subsídios, subvenções, doações ou empréstimos de órgãos ou entidades públicas e de instituições financeiras públicas ou controladas pelo poder público, pelo prazo mínimo de 1 (um) e máximo de 5 (cinco) anos.

§1º A dissolução compulsória da pessoa jurídica será determinada quando comprovado:

I - ter sido a personalidade jurídica utilizada de forma habitual para facilitar ou promover a prática de atos ilícitos; ou

II - ter sido constituída para ocultar ou dissimular interesses ilícitos ou a identidade dos beneficiários dos atos praticados.

§2º (VETADO).

§3º As sanções poderão ser aplicadas de forma isolada ou cumulativa.

§4º O Ministério Público ou a Advocacia Pública ou órgão de representação judicial, ou equivalente, do ente público poderá requerer a indisponibilidade de bens, direitos ou valores necessários à garantia do pagamento da multa ou da reparação integral do dano causado, conforme previsto no art. 7º, ressalvado o direito do terceiro de boa-fé.

Art. 20. Nas ações ajuizadas pelo Ministério Público, poderão ser aplicadas as sanções previstas no art. 6º, sem prejuízo daquelas previstas neste Capítulo, desde que constatada a omissão das autoridades competentes para promover a responsabilização administrativa.

Art. 21. Nas ações de responsabilização judicial, será adotado o rito previsto na Lei nº 7.347, de 24 de julho de 1985.

Parágrafo único. A condenação torna certa a obrigação de reparar, integralmente, o dano causado pelo ilícito, cujo valor será apurado em posterior liquidação, se não constar expressamente da sentença.

CAPÍTULO VII
DISPOSIÇÕES FINAIS

Art. 22. Fica criado no âmbito do Poder Executivo federal o Cadastro Nacional de Empresas Punidas - CNEP, que reunirá e dará publicidade às sanções aplicadas pelos órgãos ou entidades dos Poderes Executivo, Legislativo e Judiciário de todas as esferas de governo com base nesta Lei.

§1º Os órgãos e entidades referidos no caput deverão informar e manter atualizados, no Cnep, os dados relativos às sanções por eles aplicadas.

§2º O Cnep conterá, entre outras, as seguintes informações acerca das sanções aplicadas:

I - razão social e número de inscrição da pessoa jurídica ou entidade no Cadastro Nacional da Pessoa Jurídica - CNPJ;

II - tipo de sanção; e

III - data de aplicação e data final da vigência do efeito limitador ou impeditivo da sanção, quando for o caso.

§3º As autoridades competentes, para celebrarem acordos de leniência previstos nesta Lei, também deverão prestar e manter atualizadas no Cnep, após a efetivação do respectivo acordo, as informações acerca do acordo de leniência celebrado, salvo se esse procedimento vier a causar prejuízo às investigações e ao processo administrativo.

§4º Caso a pessoa jurídica não cumpra os termos do acordo de leniência, além das informações previstas no §3º, deverá ser incluída no Cnep referência ao respectivo descumprimento.

§5º Os registros das sanções e acordos de leniência serão excluídos depois de decorrido o prazo previamente estabelecido no ato sancionador ou do cumprimento integral do acordo de leniência e da reparação do eventual dano causado, mediante solicitação do órgão ou entidade sancionadora.

Art. 23. Os órgãos ou entidades dos Poderes Executivo, Legislativo e Judiciário de todas as esferas de governo deverão informar e manter atualizados, para fins de publicidade, no Cadastro Nacional de Empresas Inidôneas e Suspensas - CEIS, de caráter público, instituído no âmbito do Poder Executivo federal, os dados relativos às sanções por eles aplicadas, nos termos do disposto nos arts. 87 e 88 da Lei nº 8.666, de 21 de junho de 1993.

Art. 24. A multa e o perdimento de bens, direitos ou valores aplicados com fundamento nesta Lei serão destinados preferencialmente aos órgãos ou entidades públicas lesadas.

Art. 25. Prescrevem em 5 (cinco) anos as infrações previstas nesta Lei, contados da data da ciência da infração ou, no caso de infração permanente ou continuada, do dia em que tiver cessado.

Parágrafo único. Na esfera administrativa ou judicial, a prescrição será interrompida com a instauração de processo que tenha por objeto a apuração da infração.

Art. 26. A pessoa jurídica será representada no processo administrativo na forma do seu estatuto ou contrato social.

§1º As sociedades sem personalidade jurídica serão representadas pela pessoa a quem couber a administração de seus bens.

§2º A pessoa jurídica estrangeira será representada pelo gerente, representante ou administrador de sua filial, agência ou sucursal aberta ou instalada no Brasil.

Art. 27. A autoridade competente que, tendo conhecimento das infrações previstas nesta Lei, não adotar providências para a apuração dos fatos será responsabilizada penal, civil e administrativamente nos termos da legislação específica aplicável.

Art. 28. Esta Lei aplica-se aos atos lesivos praticados por pessoa jurídica brasileira contra a administração pública estrangeira, ainda que cometidos no exterior.

Art. 29. O disposto nesta Lei não exclui as competências do Conselho Administrativo de Defesa Econômica, do Ministério da Justiça e do Ministério da Fazenda para processar e julgar fato que constitua infração à ordem econômica.

Art. 30. A aplicação das sanções previstas nesta Lei não afeta os processos de responsabilização e aplicação de penalidades decorrentes de:

I - ato de improbidade administrativa nos termos da Lei nº 8.429, de 2 de junho de 1992; e

II - atos ilícitos alcançados pela Lei nº 8.666, de 21 de junho de 1993, ou outras normas de licitações e contratos da administração pública, inclusive no tocante ao Regime Diferenciado de Contratações Públicas - RDC instituído pela Lei nº 12.46 de 4 de agosto de 2011.

Art. 31. Esta Lei entra em vigor 180 (cento e oitenta) dias após a data de sua publicação.

Brasília, 1º de agosto de 2013; 192º da Independência e 125º da República.

DILMA ROUSSEFF
José Eduardo Cardozo
Luís Inácio Lucena Adams
Jorge Hage Sobrinho

Este texto não substitui o publicado no *DOU* de 2.8.2013

ANEXO B

DECRETO Nº 8.420, DE 18 DE MARÇO DE 2015

Regulamenta a Lei nº 12.846, de 1º de agosto de 2013, que dispõe sobre a responsabilização administrativa de pessoas jurídicas pela prática de atos contra a administração pública, nacional ou estrangeira e dá outras providências.

A PRESIDENTA DA REPÚBLICA, no uso da atribuição que lhe confere o art. 84, caput, inciso IV, da Constituição, e tendo em vista o disposto na Lei nº 12.846, de 1º de agosto de 2013,

DECRETA:

Art. 1º Este Decreto regulamenta a responsabilização objetiva administrativa de pessoas jurídicas pela prática de atos contra a administração pública, nacional ou estrangeira, de que trata a Lei nº 12.846, de 1º de agosto de 2013.

CAPÍTULO I
DA RESPONSABILIZAÇÃO ADMINISTRATIVA

Art. 2º A apuração da responsabilidade administrativa de pessoa jurídica que possa resultar na aplicação das sanções previstas no art. 6º da Lei nº 12.846, de 2013, será efetuada por meio de Processo Administrativo de Responsabilização - PAR.

Art. 3º A competência para a instauração e para o julgamento do PAR é da autoridade máxima da entidade em face da qual foi praticado o ato lesivo, ou, em caso de órgão da administração direta, do seu Ministro de Estado.

Parágrafo único. A competência de que trata o caput será exercida de ofício ou mediante provocação e poderá ser delegada, sendo vedada a subdelegação.

Art. 4º A autoridade competente para instauração do PAR, ao tomar ciência da possível ocorrência de ato lesivo à administração pública federal, em sede de juízo de admissibilidade e mediante despacho fundamentado, decidirá:

I - pela abertura de investigação preliminar;

II - pela instauração de PAR; ou

III - pelo arquivamento da matéria.

§1º A investigação de que trata o inciso I do caput terá caráter sigiloso e não punitivo e será destinada à apuração de indícios de autoria e materialidade de atos lesivos à administração pública federal.

§2º A investigação preliminar será conduzida por comissão composta por dois ou mais servidores efetivos.

§3º Em entidades da administração pública federal cujos quadros funcionais não sejam formados por servidores estatutários, a comissão a que se refere o §2º será composta por dois ou mais empregados públicos.

§4º O prazo para conclusão da investigação preliminar não excederá sessenta dias e poderá ser prorrogado por igual período, mediante solicitação justificada do presidente da comissão à autoridade instauradora.

§5º Ao final da investigação preliminar, serão enviadas à autoridade competente as peças de informação obtidas, acompanhadas de relatório conclusivo acerca da existência de indícios de autoria e materialidade de atos lesivos à administração pública federal, para decisão sobre a instauração do PAR.

Art. 5º No ato de instauração do PAR, a autoridade designará comissão, composta por dois ou mais servidores estáveis, que avaliará fatos e circunstâncias conhecidos e intimará a pessoa jurídica para, no prazo de trinta dias, apresentar defesa escrita e especificar eventuais provas que pretende produzir.

§1º Em entidades da administração pública federal cujos quadros funcionais não sejam formados por servidores estatutários, a comissão a que se refere o *caput* será composta por dois ou mais empregados públicos, preferencialmente com no mínimo três anos de tempo de serviço na entidade.

§2º Na hipótese de deferimento de pedido de produção de novas provas ou de juntada de provas julgadas indispensáveis pela comissão, a pessoa jurídica poderá apresentar alegações finais no prazo de dez dias, contado da data do deferimento ou da intimação de juntada das provas pela comissão.

§3º Serão recusadas, mediante decisão fundamentada, provas propostas pela pessoa jurídica que sejam ilícitas, impertinentes, desnecessárias, protelatórias ou intempestivas.

§4º Caso a pessoa jurídica apresente em sua defesa informações e documentos referentes à existência e ao funcionamento de programa de integridade, a comissão processante deverá examiná-lo segundo os parâmetros indicados no Capítulo IV, para a dosimetria das sanções a serem aplicadas.

Art. 6º A comissão a que se refere o art. 5º exercerá suas atividades com independência e imparcialidade, assegurado o sigilo, sempre que necessário à elucidação do fato e à preservação da imagem dos envolvidos, ou quando exigido pelo interesse da administração pública, garantido o direito à ampla defesa e ao contraditório.

Art. 7º As intimações serão feitas por meio eletrônico, via postal ou por qualquer outro meio que assegure a certeza de ciência da pessoa jurídica acusada, cujo prazo para apresentação de defesa será contado a partir da data da cientificação oficial, observado o disposto no Capítulo XV da Lei nº 9.784, de 29 de janeiro de 1999.

§1º Caso não tenha êxito a intimação de que trata o *caput*, será feita nova intimação por meio de edital publicado na imprensa oficial, em jornal de grande circulação no Estado da federação em que a pessoa jurídica tenha sede, e no sítio eletrônico do órgão ou entidade pública responsável pela apuração do PAR, contando-se o prazo para apresentação da defesa a partir da última data de publicação do edital.

§2º Em se tratando de pessoa jurídica que não possua sede, filial ou representação no País e sendo desconhecida sua representação no exterior, frustrada a intimação nos termos do *caput*, será feita nova intimação por meio de edital publicado na imprensa oficial e no sítio eletrônico do órgão ou entidade público responsável pela apuração do PAR, contando-se o prazo para apresentação da defesa a partir da última data de publicação do edital.

Art. 8º A pessoa jurídica poderá acompanhar o PAR por meio de seus representantes legais ou procuradores, sendo-lhe assegurado amplo acesso aos autos.

Parágrafo único. É vedada a retirada dos autos da repartição pública, sendo autorizada a obtenção de cópias mediante requerimento.

Art. 9º O prazo para a conclusão do PAR não excederá cento e oitenta dias, admitida prorrogação por meio de solicitação do presidente da comissão à autoridade instauradora, que decidirá de forma fundamentada.

§1º O prazo previsto no *caput* será contado da data de publicação do ato de instauração do PAR.

§2º A comissão, para o devido e regular exercício de suas funções, poderá:

I - propor à autoridade instauradora a suspensão cautelar dos efeitos do ato ou do processo objeto da investigação;

II - solicitar a atuação de especialistas com notório conhecimento, de órgãos e entidades públicos ou de outras organizações, para auxiliar na análise da matéria sob exame; e

III - solicitar ao órgão de representação judicial ou equivalente dos órgãos o entidades lesados que requeira as medidas necessárias para a investigação e o processamento das infrações, inclusive de busca e apreensão, no País ou no exterior.

§3º Concluídos os trabalhos de apuração e análise, a comissão elaborará relatório a respeito dos fatos apurados e da eventual responsabilidade administrativa da pessoa jurídica, no qual sugerirá, de forma motivada, as sanções a serem aplicadas, a dosimetria da multa ou o arquivamento do processo.

§4º O relatório final do PAR será encaminhado à autoridade competente para julgamento, o qual será precedido de manifestação jurídica, elaborada pelo órgão de assistência jurídica competente.

§5º Caso seja verificada a ocorrência de eventuais ilícitos a serem apurados em outras instâncias, o relatório da comissão será encaminhado, pela autoridade julgadora:

I - ao Ministério Público;

II - à Advocacia-Geral da União e seus órgãos vinculados, no caso de órgãos da administração pública direta, autarquias e fundações públicas federais; ou

III - ao órgão de representação judicial ou equivalente no caso de órgãos ou entidades da administração pública não abrangidos pelo inciso II.

§6º Na hipótese de decisão contrária ao relatório da comissão, esta deverá ser fundamentada com base nas provas produzidas no PAR.

Art. 10. A decisão administrativa proferida pela autoridade julgadora ao final do PAR será publicada no Diário Oficial da União e no sítio eletrônico do órgão ou entidade público responsável pela instauração do PAR.

Art. 11. Da decisão administrativa sancionadora cabe pedido de reconsideração com efeito suspensivo, no prazo de dez dias, contado da data de publicação da decisão.

§1º A pessoa jurídica contra a qual foram impostas sanções no PAR e que não apresentar pedido de reconsideração deverá cumpri-las no prazo de trinta dias, contado do fim do prazo para interposição do pedido de reconsideração.

§2º A autoridade julgadora terá o prazo de trinta dias para decidir sobre a matéria alegada no pedido de reconsideração e publicar nova decisão.

§3º Mantida a decisão administrativa sancionadora, será concedido à pessoa jurídica novo prazo de trinta dias para cumprimento das sanções que lhe foram impostas, contado da data de publicação da nova decisão.

Art. 12. Os atos previstos como infrações administrativas à Lei nº 8.666, de 21 de junho de 1993, ou a outras normas de licitações e contratos da administração pública que também sejam tipificados como atos lesivos na Lei nº 12.846, de 2013, serão apurados e julgados conjuntamente, nos mesmos autos, aplicando-se o rito procedimental previsto neste Capítulo.

§1º Concluída a apuração de que trata o *caput* e havendo autoridades distintas competentes para julgamento, o processo será encaminhado primeiramente àquela de nível mais elevado, para que julgue no âmbito de sua competência, tendo precedência o julgamento pelo Ministro de Estado competente.

§2º Para fins do disposto no *caput*, o chefe da unidade responsável no órgão ou entidade pela gestão de licitações e contratos deve comunicar à autoridade prevista no art. 3º sobre eventuais fatos que configurem atos lesivos previstos no art. 5º da Lei nº 12.846, de 2013.

Art. 13. A Controladoria-Geral da União possui, no âmbito do Poder Executivo federal, competência:

I - concorrente para instaurar e julgar PAR; e

II - exclusiva para avocar os processos instaurados para exame de sua regularidade ou para corrigir-lhes o andamento, inclusive promovendo a aplicação da penalidade administrativa cabível.

§1º A Controladoria-Geral da União poderá exercer, a qualquer tempo, a competência prevista no *caput*, se presentes quaisquer das seguintes circunstâncias:

I - caracterização de omissão da autoridade originariamente competente;

II - inexistência de condições objetivas para sua realização no órgão ou entidade de origem;

III - complexidade, repercussão e relevância da matéria;

IV - valor dos contratos mantidos pela pessoa jurídica com o órgão ou entidade atingida; ou

V - apuração que envolva atos e fatos relacionados a mais de um órgão ou entidade da administração pública federal.

§2º Ficam os órgãos e entidades da administração pública obrigados a encaminhar à Controladoria-Geral da União todos os documentos e informações que lhes forem solicitados, incluídos os autos originais dos processos que eventualmente estejam em curso.

Art. 14. Compete à Controladoria-Geral da União instaurar, apurar e julgar PAR pela prática de atos lesivos à administração pública estrangeira, o qual seguirá, no que couber, o rito procedimental previsto neste Capítulo.

CAPÍTULO II
DAS SANÇÕES ADMINISTRATIVAS E DOS ENCAMINHAMENTOS JUDICIAIS

Seção I
Disposições gerais

Art. 15. As pessoas jurídicas estão sujeitas às seguintes sanções administrativas, nos termos do art. 6º da Lei nº 12.846, de 2013:

I - multa; e

II - publicação extraordinária da decisão administrativa sancionadora.

Art. 16. Caso os atos lesivos apurados envolvam infrações administrativas à Lei nº 8.666, de 1993, ou a outras normas de licitações e contratos da administração pública e tenha ocorrido a apuração conjunta prevista no art. 12, a pessoa jurídica também estará sujeita a sanções administrativas que tenham como efeito restrição ao direito de participar em licitações ou de celebrar contratos com a administração pública, a serem aplicadas no PAR.

Seção II
Da Multa

Art. 17. O cálculo da multa se inicia com a soma dos valores correspondentes aos seguintes percentuais do faturamento bruto da pessoa jurídica do último exercício anterior ao da instauração do PAR, excluídos os tributos:

I - um por cento a dois e meio por cento havendo continuidade dos atos lesivos no tempo;

II - um por cento a dois e meio por cento para tolerância ou ciência de pessoas do corpo diretivo ou gerencial da pessoa jurídica;

III - um por cento a quatro por cento no caso de interrupção no fornecimento de serviço público ou na execução de obra contratada;

IV - um por cento para a situação econômica do infrator com base na apresentação de índice de Solvência Geral - SG e de Liquidez Geral - LG superiores a um e de lucro líquido no último exercício anterior ao da ocorrência do ato lesivo;

V - cinco por cento no caso de reincidência, assim definida a ocorrência de nova infração, idêntica ou não à anterior, tipificada como ato lesivo pelo art. 5º da Lei nº 12.846, de 2013, em menos de cinco anos, contados da publicação do julgamento da infração anterior; e

VI - no caso de os contratos mantidos ou pretendidos com o órgão ou entidade lesada, serão considerados, na data da prática do ato lesivo, os seguintes percentuais:

a) um por cento em contratos acima de R$1.500.000,00 (um milhão e quinhentos mil reais);

b) dois por cento em contratos acima de R$10.000.000,00 (dez milhões de reais);

c) três por cento em contratos acima de R$50.000.000,00 (cinquenta milhões de reais);

d) quatro por cento em contratos acima de R$250.000.000,00 (duzentos e cinquenta milhões de reais); e

e) cinco por cento em contratos acima de R$1.000.000.000,00 (um bilhão de reais).

Art. 18. Do resultado da soma dos fatores do art. 17 serão subtraídos os valores correspondentes aos seguintes percentuais do faturamento bruto da pessoa jurídica do último exercício anterior ao da instauração do PAR, excluídos os tributos:

I - um por cento no caso de não consumação da infração;

II - um e meio por cento no caso de comprovação de ressarcimento pela pessoa jurídica dos danos a que tenha dado causa;

III - um por cento a um e meio por cento para o grau de colaboração da pessoa jurídica com a investigação ou a apuração do ato lesivo, independentemente do acordo de leniência;

IV - dois por cento no caso de comunicação espontânea pela pessoa jurídica antes da instauração do PAR acerca da ocorrência do ato lesivo; e

V - um por cento a quatro por cento para comprovação de a pessoa jurídica possuir e aplicar um programa de integridade, conforme os parâmetros estabelecidos no Capítulo IV.

Art. 19. Na ausência de todos os fatores previstos nos art. 17 e art. 18 ou de resultado das operações de soma e subtração ser igual ou menor a zero, o valor da multa corresponderá, conforme o caso, a:

I - um décimo por cento do faturamento bruto do último exercício anterior ao da instauração do PAR, excluídos os tributos; ou

II - R$6.000,00 (seis mil reais), na hipótese do art. 22.

Art. 20. A existência e quantificação dos fatores previstos nos art. 17 e art. 18, deverá ser apurada no PAR e evidenciada no relatório final da comissão, o qual também conterá a estimativa, sempre que possível, dos valores da vantagem auferida e da pretendida.

§1º Em qualquer hipótese, o valor final da multa terá como limite:

I - mínimo, o maior valor entre o da vantagem auferida e o previsto no art. 19; e

II - máximo, o menor valor entre:

a) vinte por cento do faturamento bruto do último exercício anterior ao da instauração do PAR, excluídos os tributos; ou

b) três vezes o valor da vantagem pretendida ou auferida.

§2º O valor da vantagem auferida ou pretendida equivale aos ganhos obtidos ou pretendidos pela pessoa jurídica que não ocorreriam sem a prática do ato lesivo, somado, quando for o caso, ao valor correspondente a qualquer vantagem indevida prometida ou dada a agente público ou a terceiros a ele relacionados.

§3º Para fins do cálculo do valor de que trata o §2º, serão deduzidos custos e despesas legítimos comprovadamente executados ou que seriam devidos ou despendidos caso o ato lesivo não tivesse ocorrido.

Art. 21. Ato do Ministro de Estado Chefe da Controladoria-Geral da União fixará metodologia para a apuração do faturamento bruto e dos tributos a serem excluídos para fins de cálculo da multa a que se refere o art. 6º da Lei nº 12.846, de 2013.

Parágrafo único. Os valores de que trata o *caput* poderão ser apurados, entre outras formas, por meio de:

I - compartilhamento de informações tributárias, na forma do inciso II do §1º do art. 198 da Lei nº 5.172, de 25 de outubro de 1966; e

II - registros contábeis produzidos o publicados pela pessoa jurídica acusad no país ou no estrangeiro.

Art. 22. Caso não seja possível utiliza critério do valor do faturamento br da pessoa jurídica no ano anterio da instauração ao PAR, os percen dos fatores indicados nos art. 17 e a incidirão:

I - sobre o valor do faturamento br pessoa jurídica, excluídos os tribu ano em que ocorreu o ato lesivo, no a pessoa jurídica não ter tido fatur no ano anterior ao da instauração

II - sobre o montante total de recebidos pela pessoa jurídica lucrativos no ano em que ocor lesivo; ou

III - nas demais hipóteses, sobr mento anual estimável da pess levando em consideração quai mações sobre a sua situaçã ou o estado de seus negócic patrimônio, capital social, número de empregados, contratos, dentre outras.

Parágrafo único. Nas hipóteses previstas no *caput*, o valor da multa será limitado entre R$6.000,00 (seis mil reais) e R$60.000.000,00 (sessenta milhões de reais).

Art. 23. Com a assinatura do acordo de leniência, a multa aplicável será reduzida conforme a fração nele pactuada, observado o limite previsto no §2º do art. 16 da Lei nº 12.846, de 2013.

§1º O valor da multa previsto no *caput* poderá ser inferior ao limite mínimo previsto no art. 6º da Lei nº 12.846, de 2013.

§2º No caso de a autoridade signatária declarar o descumprimento do acordo de leniência por falta imputável à pessoa jurídica colaboradora, o valor integral encontrado antes da redução de que trata o *caput* será cobrado na forma da Seção IV, descontando-se as frações da multa eventualmente já pagas.

Seção III
Da Publicação Extraordinária da Decisão Administrativa Sancionadora

Art. 24. A pessoa jurídica sancionada administrativamente pela prática de atos lesivos contra a administração pública, nos termos da Lei nº 12.846, de 2013, publicará a decisão administrativa sancionadora na forma de extrato de sentença, cumulativamente:

I - em meio de comunicação de grande circulação na área da prática da infração e de atuação da pessoa jurídica ou, na sua falta, em publicação de circulação nacional;

II - em edital afixado no próprio estabelecimento ou no local de exercício da atividade, em localidade que permita a visibilidade pelo público, pelo prazo mínimo de trinta dias; e

III - em seu sítio eletrônico, pelo prazo de trinta dias e em destaque na página principal do referido sítio.

Parágrafo único. A publicação a que se refere o *caput* será feita a expensas da pessoa jurídica sancionada.

Seção IV
Da Cobrança da Multa Aplicada

Art. 25. A multa aplicada ao final do PAR será integralmente recolhida pela pessoa jurídica sancionada no prazo de trinta dias, observado o disposto nos §§1º e 3º do art. 11.

§1º Feito o recolhimento, a pessoa jurídica sancionada apresentará ao órgão ou entidade que aplicou a sanção documento que ateste o pagamento integral do valor da multa imposta.

§2º Decorrido o prazo previsto no *caput* sem que a multa tenha sido recolhida ou não tendo ocorrido a comprovação de seu pagamento integral, o órgão ou entidade que a aplicou encaminhará o débito para inscrição em Dívida Ativa da União ou das autarquias e fundações públicas federais.

§3º Caso a entidade que aplicou a multa não possua Dívida Ativa, o valor será cobrado independentemente de prévia inscrição.

Seção V
Dos Encaminhamentos Judiciais

Art. 26. As medidas judiciais, no País ou no exterior, como a cobrança da multa administrativa aplicada no PAR, a promoção da publicação extraordinária, a persecução das sanções referidas nos incisos I a IV do *caput* do art. 19 da Lei nº 12.846, de 2013, a reparação integral dos danos e prejuízos, além de eventual atuação judicial para a finalidade de instrução ou garantia do processo judicial ou preservação do acordo de leniência, serão solicitadas ao órgão de representação judicial ou equivalente dos órgãos ou entidades lesados.

Art. 27. No âmbito da administração pública federal direta, a atuação judicial será exercida pela Procuradoria-Geral da União, com exceção da cobrança da multa administrativa aplicada no PAR, que será promovida pela Procuradoria-Geral da Fazenda Nacional.

Parágrafo único. No âmbito das autarquias e fundações públicas federais, a atuação judicial será exercida pela Procuradoria-Geral Federal, inclusive no que se refere à cobrança da multa administrativa aplicada no PAR, respeitadas as competências específicas da Procuradoria-Geral do Banco Central.

CAPÍTULO III
DO ACORDO DE LENIÊNCIA

Art. 28. O acordo de leniência será celebrado com as pessoas jurídicas responsáveis pela prática dos atos lesivos previstos na Lei nº 12.846, de 2013, e dos ilícitos administrativos previstos na Lei nº 8.666, de 1993, e em outras normas de licitações e contratos, com vistas à isenção ou à atenuação das respectivas sanções, desde que colaborem efetivamente com as investigações e o processo administrativo, devendo resultar dessa colaboração:

I - a identificação dos demais envolvidos na infração administrativa, quando couber; e

II - a obtenção célere de informações e documentos que comprovem a infração sob apuração.

Art. 29. Compete à Controladoria-Geral da União celebrar acordos de leniência no âmbito do Poder Executivo federal e nos casos de atos lesivos contra a administração pública estrangeira.

Art. 30. A pessoa jurídica que pretenda celebrar acordo de leniência deverá:

I - ser a primeira a manifestar interesse em cooperar para a apuração de ato lesivo específico, quando tal circunstância for relevante;

II - ter cessado completamente seu envolvimento no ato lesivo a partir da data da propositura do acordo;

III - admitir sua participação na infração administrativa

IV - cooperar plena e permanentemente com as investigações e o processo administrativo e comparecer, sob suas expensas e sempre que solicitada, aos atos processuais, até o seu encerramento; e

V - fornecer informações, documentos e elementos que comprovem a infração administrativa.

§1º O acordo de leniência de que trata o *caput* será proposto pela pessoa jurídica,

por seus representantes, na forma de seu estatuto ou contrato social, ou por meio de procurador com poderes específicos para tal ato, observado o disposto no art. 26 da Lei nº 12.846, de 2013.

§2º A proposta do acordo de leniência poderá ser feita até a conclusão do relatório a ser elaborado no PAR.

Art. 31. A proposta de celebração de acordo de leniência poderá ser feita de forma oral ou escrita, oportunidade em que a pessoa jurídica proponente declarará expressamente que foi orientada a respeito de seus direitos, garantias e deveres legais e de que o não atendimento às determinações e solicitações da Controladoria-Geral da União durante a etapa de negociação importará a desistência da proposta.

§1º A proposta apresentada receberá tratamento sigiloso e o acesso ao seu conteúdo será restrito aos servidores especificamente designados pela Controladoria-Geral da União para participar da negociação do acordo de leniência, ressalvada a possibilidade de a proponente autorizar a divulgação ou compartilhamento da existência da proposta ou de seu conteúdo, desde que haja anuência da Controladoria-Geral da União.

§2º Poderá ser firmado memorando de entendimentos entre a pessoa jurídica proponente e a Controladoria-Geral da União para formalizar a proposta e definir os parâmetros do acordo de leniência.

§3º Uma vez proposto o acordo de leniência, a Controladoria-Geral da União poderá requisitar os autos de processos administrativos em curso em outros órgãos ou entidades da administração pública federal relacionados aos fatos objeto do acordo.

Art. 32. A negociação a respeito da proposta do acordo de leniência deverá ser concluída no prazo de cento e oitenta dias, contado da data de apresentação da proposta.

Parágrafo único. A critério da Controladoria-Geral da União, poderá ser prorrogado o prazo estabelecido no *caput*, caso presentes circunstâncias que o exijam.

Art. 33. Não importará em reconhecimento da prática do ato lesivo investigado a proposta de acordo de leniência rejeitada, da qual não se fará qualquer divulgação, ressalvado o disposto no §1º do art. 31.

Art. 34. A pessoa jurídica proponente poderá desistir da proposta de acordo de leniência a qualquer momento que anteceda a assinatura do referido acordo.

Art. 35. Caso o acordo não venha a ser celebrado, os documentos apresentados durante a negociação serão devolvidos, sem retenção de cópias, à pessoa jurídica proponente e será vedado seu uso para fins de responsabilização, exceto quando a administração pública federal tiver conhecimento deles independentemente da apresentação da proposta do acordo de leniência.

Art. 36. O acordo de leniência estipulará as condições para assegurar a efetividade da colaboração e o resultado útil do processo, do qual constarão cláusulas e obrigações que, diante das circunstâncias do caso concreto, reputem-se necessárias.

Art. 37. O acordo de leniência conterá, entre outras disposições, cláusulas que versem sobre:

I - o compromisso de cumprimento dos requisitos previstos nos incisos II a V do *caput* do art. 30;

II - a perda dos benefícios pactuados, em caso de descumprimento do acordo;

III - a natureza de título executivo extrajudicial do instrumento do acordo, nos termos do inciso II do *caput* do art. 585 da Lei nº 5.869, de 11 de janeiro de 1973; e

IV - a adoção, aplicação ou aperfeiçoamento de programa de integridade, conforme os parâmetros estabelecidos no Capítulo IV.

Art. 38. A Controladoria-Geral da União poderá conduzir e julgar os processos administrativos que apurem infrações administrativas previstas na Lei nº 12.846, de 2013, na Lei nº 8.666, de 1993, e em outras normas de licitações e contratos, cujos fatos tenham sido noticiados por meio do acordo de leniência.

Art. 39. Até a celebração do acordo de leniência pelo Ministro de Estado Chefe da Controladoria-Geral da União, a identidade da pessoa jurídica signatária do acordo não será divulgada ao público, ressalvado o disposto no §1º do art. 31.

Parágrafo único. A Controladoria-Geral da União manterá restrito o acesso aos documentos e informações comercialmente sensíveis da pessoa jurídica signatária do acordo de leniência.

Art. 40. Uma vez cumprido o acordo de leniência pela pessoa jurídica colaboradora, serão declarados em favor da pessoa jurídica signatária, nos termos previamente firmados no acordo, um ou mais dos seguintes efeitos:

I - isenção da publicação extraordinária da decisão administrativa sancionadora;

II - isenção da proibição de receber incentivos, subsídios, subvenções, doações ou empréstimos de órgãos ou entidades públicos e de instituições financeiras públicas ou controladas pelo Poder Público;

III - redução do valor final da multa aplicável, observado o disposto no art. 23; ou

IV - isenção ou atenuação das sanções administrativas previstas nos art. 86 a art. 88 da Lei nº 8.666, de 1993, ou de outras normas de licitações e contratos.

Parágrafo único. Os efeitos do acordo de leniência serão estendidos às pessoas jurídicas que integrarem o mesmo grupo econômico, de fato e de direito, desde que tenham firmado o acordo em conjunto, respeitadas as condições nele estabelecidas.

CAPITULO IV
DO PROGRAMA DE INTEGRIDADE

Art. 41. Para fins do disposto neste Decreto, programa de integridade consiste, no âmbito de uma pessoa jurídica, no conjunto de mecanismos e procedimentos internos de integridade, auditoria e incentivo à denúncia de irregularidades e na aplicação efetiva de códigos de ética e de conduta, políticas e diretrizes com objetivo de detectar e sanar desvios, fraudes, irregularidades e atos ilícitos praticados contra a administração pública, nacional ou estrangeira.

Parágrafo Único. O programa de integridade deve ser estruturado, aplicado e atualizado de acordo com as características e riscos atuais das atividades de cada pessoa jurídica, a qual por sua vez deve garantir o constante aprimoramento e adaptação do referido programa, visando garantir sua efetividade.

Art. 42. Para fins do disposto no §4º do art. 5º, o programa de integridade será avaliado, quanto a sua existência e aplicação, de acordo com os seguintes parâmetros:

I - comprometimento da alta direção da pessoa jurídica, incluídos os conselhos, evidenciado pelo apoio visível e inequívoco ao programa;

II - padrões de conduta, código de ética, políticas e procedimentos de integridade, aplicáveis a todos os empregados e administradores, independentemente de cargo ou função exercidos;

III - padrões de conduta, código de ética e políticas de integridade estendidas, quando necessário, a terceiros, tais como, fornecedores, prestadores de serviço, agentes intermediários e associados;

IV - treinamentos periódicos sobre o programa de integridade;

V - análise periódica de riscos para realizar adaptações necessárias ao programa de integridade;

VI - registros contábeis que reflitam de forma completa e precisa as transações da pessoa jurídica;

VII - controles internos que assegurem a pronta elaboração e confiabilidade de relatórios e demonstrações financeiros da pessoa jurídica;

VIII - procedimentos específicos para prevenir fraudes e ilícitos no âmbito de processos licitatórios, na execução de contratos administrativos ou em qualquer interação com o setor público, ainda que intermediada por terceiros, tal como pagamento de tributos, sujeição a fiscalizações, ou obtenção de autorizações, licenças, permissões e certidões;

IX - independência, estrutura e autoridade da instância interna responsável pela aplicação do programa de integridade e fiscalização de seu cumprimento;

X - canais de denúncia de irregularidades, abertos e amplamente divulgados a funcionários e terceiros, e de mecanismos destinados à proteção de denunciantes de boa-fé;

XI - medidas disciplinares em caso de violação do programa de integridade;

XII - procedimentos que assegurem a pronta interrupção de irregularidades ou infrações detectadas e a tempestiva remediação dos danos gerados;

XIII - diligências apropriadas para contratação e, conforme o caso, supervisão, de terceiros, tais como, fornecedores, prestadores de serviço, agentes intermediários e associados;

XIV - verificação, durante os processos de fusões, aquisições e reestruturações societárias, do cometimento de irregularidades ou ilícitos ou da existência de vulnerabilidades nas pessoas jurídicas envolvidas;

XV - monitoramento contínuo do programa de integridade visando seu aperfeiçoamento na prevenção, detecção e combate à ocorrência dos atos lesivos previstos no art. 5º da Lei nº 12.846, de 2013; e

XVI - transparência da pessoa jurídica quanto a doações para candidatos e partidos políticos.

§1º Na avaliação dos parâmetros de que trata este artigo, serão considerados o porte e especificidades da pessoa jurídica, tais como:

I - a quantidade de funcionários, empregados e colaboradores;

II - a complexidade da hierarquia interna e a quantidade de departamentos, diretorias ou setores;

III - a utilização de agentes intermediários como consultores ou representantes comerciais;

IV - o setor do mercado em que atua;

V - os países em que atua, direta ou indiretamente;

VI - o grau de interação com o setor público e a importância de autorizações, licenças e permissões governamentais em suas operações;

VII - a quantidade e a localização das pessoas jurídicas que integram o grupo econômico; e

VIII - o fato de ser qualificada como microempresa ou empresa de pequeno porte.

§2º A efetividade do programa de integridade em relação ao ato lesivo objeto de apuração será considerada para fins da avaliação de que trata o *caput*.

§3º Na avaliação de microempresas e empresas de pequeno porte, serão reduzidas as formalidades dos parâmetros previstos neste artigo, não se exigindo, especificamente, os incisos III, V, IX, X, XIII, XIV e XV do *caput*.

§4º Caberá ao Ministro de Estado Chefe da Controladoria-Geral da União expedir orientações, normas e procedimentos complementares referentes à avaliação do programa de integridade de que trata este Capítulo.

§5º A redução dos parâmetros de avaliação para as microempresas e empresas de pequeno porte de que trata o §3º poderá ser objeto de regulamentação por ato conjunto do Ministro de Estado Chefe da Secretaria da Micro e Pequena Empresa e do Ministro de Estado Chefe da Controladoria-Geral da União.

CAPÍTULO V
DO CADASTRO NACIONAL DE EMPRESAS INIDÔNEAS E SUSPENSAS E DO CADASTRO NACIONAL DE EMPRESAS PUNIDAS

Art. 43. O Cadastro Nacional de Empresas Inidôneas e Suspensas - CEIS conterá informações referentes às sanções administrativas impostas a pessoas físicas ou jurídicas que impliquem restrição ao direito de participar de licitações ou de celebrar contratos com a administração pública de qualquer esfera federativa, entre as quais:

I - suspensão temporária de participação em licitação e impedimento de contratar com a administração pública, conforme disposto no inciso III do *caput* do art. 87 da Lei nº 8.666, de 1993;

II - declaração de inidoneidade para licitar ou contratar com a administração pública, conforme disposto no inciso IV do *caput* do art. 87 da Lei nº 8.666, de 1993;

III - impedimento de licitar e contratar com União, Estados, Distrito Federal ou Municípios, conforme disposto no art. 7º da Lei nº 10.520, de 17 de julho de 2002;

IV - impedimento de licitar e contratar com a União, Estados, Distrito Federal ou Municípios, conforme disposto no art. 47 da Lei nº 12.462, de 4 de agosto de 2011;

V - suspensão temporária de participação em licitação e impedimento de contratar com a administração pública, conforme disposto no inciso IV do *caput* do art. 33 da Lei nº 12.527, de 18 de novembro de 2011; e

VI - declaração de inidoneidade para licitar ou contratar com a administração pública, conforme disposto no inciso V do *caput* do art. 33 da Lei nº 12.527, de 2011.

Art. 44. Poderão ser registradas no CEIS outras sanções que impliquem restrição ao direito de participar em licitações ou de celebrar contratos com a administração pública, ainda que não sejam de natureza administrativa.

Art. 45. O Cadastro Nacional de Empresas Punidas - CNEP conterá informações referentes:

I - às sanções impostas com fundamento na Lei nº 12.846, de 2013; e

II - ao descumprimento de acordo de leniência celebrado com fundamento na Lei nº 12.846, de 2013.

Parágrafo único. As informações sobre os acordos de leniência celebrados com fundamento na Lei nº 12.846, de 2013, serão registradas no CNEP após a celebração do acordo, exceto se causar prejuízo às investigações ou ao processo administrativo.

Art. 46. Constarão do CEIS e do CNEP, sem prejuízo de outros a serem estabelecidos pela Controladoria-Geral da União, dados e informações referentes a:

I - nome ou razão social da pessoa física ou jurídica sancionada;

II - número de inscrição da pessoa jurídica no Cadastro Nacional da Pessoa Jurídica - CNPJ ou da pessoa física no Cadastro de Pessoas Físicas - CPF;

III - tipo de sanção;

IV - fundamentação legal da sanção;

V - número do processo no qual foi fundamentada a sanção;

VI - data de início de vigência do efeito limitador ou impeditivo da sanção ou data de aplicação da sanção;

VII - data final do efeito limitador ou impeditivo da sanção, quando couber;
VIII - nome do órgão ou entidade sancionador; e
IX - valor da multa, quando couber.
Art. 47. A exclusão dos dados e informações constantes do CEIS ou do CNEP se dará:
I - com fim do prazo do efeito limitador ou impeditivo da sanção; ou
II - mediante requerimento da pessoa jurídica interessada, após cumpridos os seguintes requisitos, quando aplicáveis:
a) publicação da decisão de reabilitação da pessoa jurídica sancionada, nas hipóteses dos incisos II e VI do *caput* do art. 43;
b) cumprimento integral do acordo de leniência;
c) reparação do dano causado; ou
d) quitação da multa aplicada.
Art. 48. O fornecimento dos dados e informações de que tratam os art. 43 a art. 46, pelos órgãos e entidades dos Poderes Executivo, Legislativo e Judiciário de cada uma das esferas de governo, será disciplinado pela Controladoria-Geral da União.

CAPÍTULO VI
DISPOSIÇÕES FINAIS

Art. 49. As informações referentes ao PAR instaurado no âmbito dos órgãos e entidades do Poder Executivo federal serão registradas no sistema de gerenciamento eletrônico de processos administrativos sancionadores mantido pela Controladoria-Geral da União, conforme ato do Ministro de Estado Chefe da Controladoria-Geral da União.
Art. 50. Os órgãos e as entidades da administração pública, no exercício de suas competências regulatórias, disporão sobre os efeitos da Lei nº 12.846, de 2013, no âmbito das atividades reguladas, inclusive no caso de proposta e celebração de acordo de leniência.
Art. 51. O processamento do PAR não interfere no seguimento regular dos processos administrativos específicos para apuração da ocorrência de danos e prejuízos à administração pública federal resultantes de ato lesivo cometido por pessoa jurídica, com ou sem a participação de agente público.
Art. 52. Caberá ao Ministro de Estado Chefe da Controladoria-Geral da União expedir orientações e procedimentos complementares para a execução deste Decreto.
Art. 53. Este Decreto entra em vigor na data de sua publicação.
Brasília, 18 de março de 2015; 194º da Independência e 127º da República.
DILMA ROUSSEFF
José Eduardo Cardozo
Luís Inácio Lucena Adams
Valdir Moysés Simão
Este texto não substitui o publicado no *DOU* de 19.3.2015

Esta obra foi composta em fonte Palatino Linotype, corpo 10
e impressa em papel Offset 75g (miolo) e Supremo 250g (capa)
pela Gráfica Formato.